Mut zum Vertrauen

Veränderungsprozesse in Unternehmen scheitern oft an der konkreten Umsetzung: an Widerständen und fehlender Beteiligung der Mitarbeiter, an einem Klima, das von Mißtrauen, Kontrolle und Kritik geprägt ist. In sehr leicht lesbarer Form beschreibt Werner Bauer die Grundlagen der überfälligen neuen Form der Zusammenarbeit: In einer Atmosphäre des Vertrauens und der gegenseitigen Akzeptanz wachsen Kreativität, Motivation und die Bereitschaft, kontinuierliche Veränderungsprozesse gemeinsam zu gestalten. Dazu muß man vor allem aufhören, andere verändern zu wollen, sondern sie so ernst zu nehmen, wie sie sind.

Werner Bauer ist Unternehmensberater und Gründer der GUK Gesellschaft für Unternehmenskultur und der ATMA Krankenhaus-Consulting in Nürnberg. Außerdem ist er Vorsitzender der Geschäftsführung der SKT Süddeutsche Klinik Treuhand GmbH in München. Zahlreiche Vorträge und Seminare.

Werner Bauer

Mut zum Vertrauen

Vom Gegeneinander zum Miteinander

Mit Vorworten von Günter Geiger, Eberhard C. Stotko und Hans-Jürgen Warnecke

Campus Verlag
Frankfurt/New York

Die Deutsche Bibliothek – CIP-Einheitsaufnahme

Bauer, Werner:
Mut zum Vertrauen: vom Gegeneinander zum Miteinander /
Werner Bauer. Mit Vorw. von Günter Geiger ... –
Frankfurt/Main; New York: Campus Verlag, 1996
  ISBN 3-593-35489-6

Das Werk einschließlich aller seiner Teile ist urheberrechtlich geschützt.
Jede Verwertung ist ohne Zustimmung des Verlags unzulässig. Das gilt
insbesondere für Vervielfältigungen, Übersetzungen, Mikroverfilmungen und
die Einspeicherung und Verarbeitung in elektronischen Systemen.
Copyright © 1996 Campus Verlag GmbH, Frankfurt/Main
Umschlaggestaltung: Atelier Warminski, Büdingen
Satz: Fotosatzstudio »Die Letter«, Hausen/Wied
Druck und Bindung: Druckhaus Beltz, Hemsbach
Gedruckt auf säurefreiem und chlorfrei gebleichtem Papier.
Printed in Germany

Inhalt

Vorwort von Günter Geiger 11
Vorwort von Eberhard C. Stotko 13
Vorwort von Hans-Jürgen Warnecke 16

Einleitung 19

Teil I
Grundlagen einer neuen Unternehmenskultur

1. Zwei Weltanschauungen 25
   Die östliche und die westliche Denkweise 25
   »If you're so smart, why aren't you rich?« 26

2. Kontrolle ist gut, Vertrauen ist besser 29
   Je mehr Kontrolle, desto weniger Eigenverantwortung 30
   Von der Mißtrauenskultur zur Vertrauenskultur 30
   Permanente Veränderung 32
   Strukturelle Veränderungen setzen Änderungen der Haltung voraus 32

3. Gegenseitige Akzeptanz 35
Föderative Unternehmenskultur 35
Motivation als reflektiver Prozeß 37

4. Der große Wissenspool 41
Pluralität als positive Qualität 41
Das kollektive Unbewußte 42
Abgrenzung contra Konsens 42
Drei Generationen-Teams 43

5. Gruppe contra Individuum 47
Harmonie als Folge permanenter Auseinandersetzung 48
Ethische Grundwerte 49

6. Vom Umgang mit Stimmungen und Emotionen 53
Prägungen 53
Energiefresser 55
Gestatten Sie Fehler 57
Schuldgefühle loslassen 58
Angst als wichtiges Signal 59

7. Das eigene Potential 63
Woran arbeiten Sie lieber: an sich oder an anderen? ... 63
Wer ist eigentlich Ihr bester Freund? 67
Die Jagd nach Liebe und Anerkennung 69

8. Die zwölf Forderungen an neue Formen der Zusammenarbeit 71
Die vier Quellen permanenter Mißverständnisse 72

Teil II
Management und Menschenführung

9. Warum so viele Veränderungsprozesse scheitern 75
   Management-Systeme 75
   Die fraktalen Prinzipien nach Prof. Warnecke 79
   Das Sechs-Ebenen-Modell 81

10. Welchen Chef würden Sie sich wünschen? 87
    Hohe Erwartungen 88
    Die drei wichtigsten Eigenschaften einer
    Führungskraft 88
    Natürliche Autorität 90

11. Anerkennung statt Kritik 95
    Was motiviert Menschen wirklich? 95
    Der Weg nach oben 97
    Was Macht mit Menschen macht 98
    Die negativen Wirkungen von Kritik 102

Teil III
Übungen

12. Meditation contra Kontemplation 107

13. Imaginationsübungen 111
    Negative Bilder durch positive Bilder ersetzen 112
    Bearbeiten von Problemen 114

14. Autosuggestive Übungen 117
   Aktives Träumen 117
   Die individuelle Audiokassette 119

15. Sportive Übungen 123
   Kraftatmen 124

Teil IV
Methoden

16. Konzepte contra Methodik 129

17. Moderations-Methodik 133
   Blickpunktrunden 135
   Kritikmoderation 136

18. Konfrontations-Methodik 139
   »Spiegeln« 139
   Positiv-Negativ-Abgleich 140

19. Kreativ-Methodik 143
   Erreichen der kreativen Ebene 143
   Visionen 147

20. Spiel-Methodik 151
   Schnitzeljagd 151
   Schlitten fahren 154

21. Workshop-Methodik 157
   Problemanalyse 158
   Strukturanalyse 160

Anhang: Der GUK-Prozeß 163

Vorwort

Die Menschen und die Gesellschaft haben sich in den letzten Jahren dramatisch verändert. Die Menschen haben den aufrechten Gang gelernt – oder auch nicht –, die »Werteskala« ist in Bewegung, die »Verwöhnung«, an die wir uns gewöhnt haben, macht uns zu schaffen. Dies erzwingt endlich eine Änderung der Führung. Die vielen Parameter, die die Unternehmen und damit die Wirtschaft bestimmen, ändern sich ebenfalls turbulent und sind mit den normalen, gewohnten Strukturen und Verhaltensweisen nicht mehr beherrschbar.

Die Reaktion darauf vollzieht sich nicht in evolutionären Schüben, sondern sie erfordert eine Revolution.

In Stichworten seien einige notwendige Änderungen angedeutet:

1. Die Mitarbeiter *mußten* in den 70er Jahren. In den 80er Jahren wurde ihnen durch Training beigebracht, daß sie *können* sollen. Aber ob sie auch *dürfen* und *wollen*, daran denken die Vorgesetzten erst jetzt.
2. Die Vorgesetzten sind dabei, vom »Lustabschöpfer« zum »Lustvermittler« für ihre Mitarbeiter zu werden. Der Weg dahin ist steinig, denn er wird als Machtverlust empfunden. Es wird eine Partnerschaft erwartet. Die Partnerschaft von Konstruktion und Fertigung/Einkauf ist obsolet, und

die Partnerschaft von Mann und Frau kommt nicht vom Fleck, weil der vermeintlich Stärkere die Macht nicht abgeben will.
3. Die Einstellung »Arbeit ist Maloche und Freizeit ist Vergnügen« wendet sich langsam wieder zum »Sinn bei der Arbeit«. Die Zeit scheint hierfür reif zu sein.

Viele Menschen suchen von sich aus intuitiv nach neuen Wegen. Es gibt viele Bücher darüber, theoretischer und praktischer Natur. Die Pädagogen des letzten Jahrhunderts haben bereits gewußt, daß eigentlich jeder Mensch seinen eigenen Lehrer braucht, der mit den individuellen Bildern des Schülers und mit dem Denken des Schülers ihm Neues beibringt. Findet der suchende Mensch sein »Bild« in den vielen Veröffentlichungen über Führung nicht, so mogelt er sich gern mit Ausreden an notwendigen Veränderungen seines eigenen Verhaltens herum.

Dieses Buch ist von einem Menschen geschrieben, der schon seit vielen Jahren über Unternehmenskultur nachgedacht hat. Es ist ein praktisches Buch. Es geht unter die Haut, und dies hoffentlich bei vielen, die bei diesem Thema vorankommen wollen. Ich wünsche dem Buch, daß es von vielen gelesen und verstanden wird und daß es vielen weiterhilft, die auf der Suche sind nach einer besseren Unternehmenskultur. Der Weg ist mühevoll, aufregend und schön.

Dr. Günter Geiger
REFA-Verband

Vorwort

Die Überlebensfähigkeit unserer Wirtschaft hat viel mit Leistungs- und Wandlungsfähigkeit zu tun. Sie setzt Leistungswillen, aber auch Können, Erfahrung, Kreativität, Kooperations- und Risikobereitschaft und Vitalität voraus, also zutiefst menschliche Qualitäten, die in ihrer Summe eine Gesellschaft prägen.
In den vergangenen fünf Jahren sind im Campus Verlag eine Reihe von Buchtiteln erschienen, die sich mit der Notwendigkeit und Problematik der anstehenden einschneidenden Veränderungen in unserem Wirtschafts- und Gesellschaftssystem – und speziell der Industrie – mit Blick auf das 21. Jahrhundert beschäftigen.
Diese Bücher führten den Begriff »Lean« – und dessen etwas unglückliche Übersetzung in »schlank« – im deutschen Sprachraum ein und lösten damit eine ganze Lawine aus von zum Teil heftigen, aber letztlich überwiegend konstruktiven Diskussionen über die zukünftige Gestaltung unseres Wirtschaftssystems, und speziell der Industrie.
Das Attribut *lean* steht in diesem Zusammenhang für ein neues Paradigma menschenbezogenen, zielorientierten, rationalen Handelns innerhalb von Wirtschaft und Verwaltung. Es charakterisiert eine neue Welt des Denkens und Handelns mit neuen Wertmaßstäben, deren Verinnerlichung Wege aus der derzeitigen Krise aufzeigt.

Ausgangspunkt dieser Überlegungen und öffentlichen Diskussionen ist die realistische, wenn auch schmerzliche Erkenntnis, daß sich unsere Wirtschaft in einer Krise befindet, aus der nur neue Wege mit neuen Denkansätzen herausführen können. Denn wie schon Albert Einstein erkannte: »Wir können die gravierenden Probleme unserer Zeit nicht auf der Basis des Denkens lösen, durch das wir sie verursacht oder herbeigeführt haben«.

Die Forderungen zur Umsetzung schlanker Praktiken reichen inzwischen vom schlanken Industrieunternehmen über die schlanke Verwaltung und das schlanke Krankenhaus bis hin zum »schlanken« Staat, den inzwischen auch die Regierung – zumindest verbal – fordert.

Eine auf diesem Denk- und Werteschema aufbauende neue Vorgehensweise bei der Bewältigung von Aufgaben zeichnet sich aus durch Effektivität, Effizienz und Agilität, die unter dem Strich eine mindestens um den Faktor zwei größere Produktivität ergibt, als sie nach herkömmlichen betriebswirtschaftlichen Methoden erreicht ist. Genau derartige Produktivitätsschübe aber brauchen Deutschland und Europa, wenn sie sich ihre Wettbewerbsfähigkeit erhalten wollen.

Produktivität im weiteren Sinne erfordert Kreativität. Und diese findet den besten Nährboden in *schlanken* Organisationen, die ihren Mitarbeitern Freiräume zur Entfaltung ihrer Fähigkeiten bieten. In Unternehmen, die nach klassischen tayloristischen Prinzipien organisiert sind, wird nur etwa 20 % des Kreativpotentials von Mitarbeitern genutzt.

Im Mittelpunkt aller notwendigen Veränderungen steht der Mensch, weil er einerseits den Wandel wollen und vollziehen muß, gleichzeitig aber auch von dessen Auswirkungen direkt betroffen ist.

Das vorliegende Buch ergänzt die Reihe der *schlanken* Werke und bereichert diese, indem es sich gezielt auf den *Faktor Mensch* ausrichtet. Es behandelt den Menschen so, wie er nun einmal ist, mit all seinen Stärken und Schwächen, und beschäftigt sich auf erfrischend unkomplizierte Weise mit Möglichkeiten, diese Stärken zu stärken und die Schwächen abzumildern sowie in positive Bahnen zu lenken. Aus der heutigen Situation heraus ist es ein hochaktuelles Buch und zum Lesen und Experimentieren wärmstens empfohlen.

Eberhard C. Stotko
Chairman European Automotive Initiative Group

Vorwort

Die Motivation der eigenen Person und der Mitarbeiter ist für den Erfolg in einem Unternehmen von zentraler Bedeutung. Demotivierte Mitarbeiter bringen nicht nur weniger Leistung, sondern sie entwickeln auch kaum zukunftsweisende Konzepte oder neue innovative Produktideen. So kommt es bei jedem Mitarbeiter, nicht nur bei Führungskräften, darauf an, ein möglichst hohes Maß an Motivation zu erreichen. Wenn wir diese Tatsache als Grundvoraussetzung für die Zusammenarbeit in einem Unternehmen sehen, müssen wir uns verstärkt der verschiedenen Teilaspekte dieser Problematik annehmen.

In den letzten zwanzig Jahren haben wir in den Unternehmen begonnen, alle möglichen technischen und organisatorischen Dinge zu optimieren. Der Einzug der Rechnertechnologie hat hier entscheidend Veränderungen gebracht. Dank des Werkzeuges Computer konnten viele Teilbereiche in der industriellen Fertigung optimiert werden. Auch haben neue Technologien dazu beigetragen, daß wir bei vielen Produkten und Prozessen heute völlig neue Konzepte vorfinden. Bei all diesen Bemühungen haben wir aber den Mensch als wichtigen Faktor in einem Unternehmen etwas aus dem Auge verloren. Wir haben übersehen, daß Menschen diese Unternehmen gestalten und daß die Kreativität der Mitarbeiter eines der wertvollsten Potentiale in einem Unternehmen ist. Dies gilt nicht nur für den produzierenden Bereich, sondern auch für Unternehmen, die Dienstleistungen anbieten. Darüber hinaus haben die letzten Jahre gezeigt, daß auch in Bereichen des öffentlichen Lebens, wie z.B. Stadtverwaltungen, Ministerien usw. große Optimierungspotentiale darin bestehen, daß wieder mehr die Kreativität und die Innovationsbereitschaft von Mitarbeitern in den Vordergrund kommt.

Wenn es richtig ist, daß wir uns in einer Innovationskrise befinden, so ist dies vor allen Dingen eine Kommunikationskrise. Wir kommunizieren zu wenig miteinander. Dies gilt nicht nur innerhalb von Unternehmen, sondern vor allem zwischen allen Gruppen, die am Wirtschaftsprozeß in unserem Lande beteiligt sind. Hier gestalten Menschen Informationsprozesse, die notwendig sind, um eine Wirtschaft am Leben zu erhalten.

Der Autor des vorliegenden Buches hat sich dieser Problematik angenommen. Durch seine Ausführungen möchte er dazu beitragen, daß der Mensch in Organisationen nicht mehr als Störfaktor, sondern als kreatives und innovatives Element in einem Gesamtprozeß gesehen wird. Ich wünsche dem Buch, daß es von vielen Verantwortlichen in unserer Wirtschaft gelesen wird, und daß diese Dinge auch aktiv in die Praxis umgesetzt werden.

Prof. Hans-Jürgen Warnecke
Fraunhofer-Gesellschaft

Einleitung

Seit einigen Jahren ziehe ich durch die Lande und halte »Vorträge«. Durchaus mit Sendungsbewußtsein und immer zum selben Thema: »Menschen in Strukturen, Menschen im Umgang miteinander und sich selbst«. Ein Thema, das mich mehr denn je brennend interessiert. Da ich selbst ein »Bauchmensch« bin, will ich die Menschen natürlich auch im Bauch erreichen. Das wirkt oft polarisierend. Ich selbst erlebe mich dabei häufig als undiplomatisch, ungeduldig und noch immer unangepaßt. So bewege ich mich ziemlich konsequent von Fettnapf zu Fettnapf. Einerseits offen, konkret und oft zu direkt, andererseits mitfühlend, unterstützend und persönlich zugewandt. Dadurch hat sich eine Form des Ausdrucks entwickelt, die ich auch in diesem Buch beibehalten will: direkte, persönliche Hinwendung in einfacher Sprechsprache. Vielleicht läßt es sich so auch etwas leichter lesen.

In dieser Zeit des strukturellen Wandels wird viel und gerne vom »Faktor Mensch« gesprochen. Oder davon, daß der »Mensch im Mittelpunkt« stehe. Umgegangen wird mit diesem »Faktor« selten wie mit einem Erfolgsfaktor, sondern meist wie mit einem Störfaktor.

Auch diejenigen, die ernsthaft meinen, was sie sagen, und tatsächlich die Menschen in ihren Unternehmen als ihr wichtigstes und wertvollstes Gut begreifen, tun sich schwer damit, diese Einsicht auch konkret umzusetzen. Aber der gute Wille, die gute Absicht allein genügt nicht.

Was uns fehlt, ist die Kompetenz, mit Menschen, uns selbst nicht ausgenommen, »richtig« umzugehen. Was uns fehlt, ist Vertrauen. Vertrauen in unsere eigene Kraft, Vertrauen zueinander und Vertrauen in das Leben selbst. Was uns fehlt, ist der Mut zum Vertrauen und die darauf aufbauende soziale Kompetenz.

Dies ergibt eine eigenartige Mangel-Mischung, die es ziemlich schwierig macht, die Verluste an menschlicher Energie, die Reibungsverluste, in zwischenmenschlichen Beziehungen auf ein Minimum zu reduzieren.

Noch eigenartiger mutet dabei die Tatsache an, daß wir Menschen den Umgang miteinander oder mit uns selbst einfach nicht gelernt haben. Wir tun, was wir können. Aber im Grunde genommen stochern wir alle mit langen Stangen in einem zunehmend undurchsichtiger werdenden Nebel.

Woher soll diese »soziale Kompetenz«, von der so viele reden, also kommen? Meine These lautet: Diese Form von Kompetenz kann, wenn überhaupt, nur aus dem eigenen Innern kommen. Jeder von uns hat in sich dieses Potential, an das unsere Ratio nur schwer heranreicht. Um dieses Potential zu erschließen, braucht es eine Art »Fühlverstehen«. Ich will versuchen, in diesem Buch weitgehend dieses »Fühlverstehen« in Ihnen anzusprechen. Sie werden deshalb kaum etwas lesen, was Sie nicht schon wüßten oder immer schon wußten. Vielleicht nicht so zusammenhängend. Vielleicht nicht so bewußt. Und genau um dieses Bewußtmachen geht es. Wenn Ihnen alles irgendwie bekannt vorkommt, dann habe ich Sie erreicht. Bewußtmachen funktioniert am besten durch Wiederholungen im wechselnden Kontext. Vieles wird Ihnen deshalb in diesem Buch, in unterschiedlichen Formulierungen und Zusammenhängen, immer wieder neu begegnen.

Wenn Sie dieses Buch gelesen haben, werden Sie vielleicht das größte Abenteuer Ihres Lebens wagen: Das Abenteuer, Sie selbst zu sein. Und das Abenteuer, sich auf andere Menschen und auf Veränderungen wirklich einzulassen. Sie werden es wagen, auf Ihr Potential, auf Ihre Intuition, auf Ihr Fühlverstehen zu vertrauen. Sie werden auf Ihre eigene Weise lernen, innerlich und äußerlich unabhängig, autark zu sein. Dies ist eine Position der Stärke, eine kraftvolle Position. Wenn Sie sich aus dieser Position heraus entscheiden, Mitglied einer Menschengruppe zu sein, werden Sie es aus freien Stücken tun. Loyalität werden Sie nicht nur fordern, sondern auch geben. Über die Qualität Ihrer Beziehungen entscheiden nur noch Sie selbst.

Wer »Medizin« anbietet, sollte sie auch selbst nehmen. Die im dritten Teil dieses Buches angebotenen Übungen nutze ich tatsächlich fast täglich selbst. Ohne diese Methoden wäre es mir kaum möglich, in meiner Arbeit mit Menschen die Aufmerksamkeit und Zuwendung aufzubringen, die dazu notwendig ist. Falls dies nach Aufopferung klingt, dann ist es der falsche Tenor. Ich habe diese Arbeit aus »freien Stücken« gewählt, sie bringt mir Anerkennung und Geld. Und damit Sie wissen, wessen Geistes Kind ich bin: Meine geistige Heimat ist der uralte Humanismus platonischer Schule. Also auch von daher »nichts Neues unter der Sonne«.

P.S.: *Warum drei Vorworte für ein Buch?*

Prof. Hans-Jürgen Warnecke, Dr. Günter Geiger und Eberhard Stotko repräsentieren zum einen wichtige Institutionen, die Schlüsselfunktionen einnehmen, auch was strukturelle Veränderungen betrifft (Fraunhofer Gesellschaft, REFA-Verband und EAIG European Automotive Initiative Group). Zum anderen sind diese drei Personen vitale Promoter von Management-Methoden, die den Menschen wirklich in den Mittelpunkt stellen.

Teil I

Grundlagen einer neuen Unternehmenskultur

Kapitel 1
Zwei Weltanschauungen

Die östliche und die westliche Denkweise

Auf diesem Planeten gibt es zwei Weltanschauungen, zwei Megadoktrinen, die einander diametral widersprechen und im Wettbewerb zueinander stehen. Die Kurzform der Weltanschauung der östlichen Halbkugel lautet etwa: Alles ist Schicksal. Alles ist vorherbestimmt. In diesem Vorherbestimmtsein sind die Gestaltungsmöglichkeiten des Individuums zumindest eingeschränkt. In ihrer positiven Form führt diese Denkweise zu mehr Gelassenheit, in ihrer negativen Form aber letztlich zu Fatalismus: »Wenn ich sowieso nichts ändern kann, warum sollte ich es überhaupt versuchen?«

Die Kurzform der Weltanschauung der westlichen Halbkugel lautet: Alles ist gestaltbar. »Mach Dir diesen Planeten untertan«. Alles ist machbar. Wer glaubt, alles gestalten zu können, und zwar möglichst hierarchisch, von oben nach unten, wird dies auch immer wieder versuchen. Genau dies ist die negative Auswirkung dieser Denkweise. Diese handlungsorientierte Denk- und Lebensweise läßt uns oft das Nachdenken zu kurz kommen.

Auch in Zeiten eines grundlegenden strukturellen Wandels muß alles sofort sein. »Wenn es denn nicht bleiben kann, wie es ist, dann laßt es uns wenigstens schnellstmöglich hinter uns bringen.« Wobei schnellstmöglich in unserer westlichen Industriekultur in Wirklichkeit meist bedeutet: »schneller als möglich«. Ein bißchen mehr Gelassenheit, wie sie die östliche Denkweise bewirkt, würde da sicherlich gut tun.

Natürlich hat unsere Gestaltungsorientierung, unsere Handlungsorientierung auch eine positive Seite. Wir lassen selten etwas anbrennen. Wenn wir einen Entschluß gefaßt haben, dann setzen wir all unsere Energie ein, diesen Entschluß schnellstmöglich »in die Tat« umzusetzen. Was uns »in der Tat« erstaunlich häufig gelingt.

Wer die großen Philosophen, des Ostens wie des Westens, ein wenig studiert, dem wird auffallen, wie häufig diese darauf hingewiesen haben, soweit sie nicht ideologisch einäugig waren, daß eine Synthese dieser beiden großen Weltanschauungen eine philosophische Quadratur des Kreises ergeben würde. Befürchten Sie nichts. Wir müssen keineswegs Buddhisten werden, um etwas mehr heitere Gelassenheit in uns und um uns herum zu entwickeln.

»If you're so smart, why aren't you rich?«

Tja, was kann man darauf schon antworten? Als mir ein Amerikaner, ein wirklich sympathischer Amerikaner diese Frage stellte, nachdem er einen Vortrag von mir gehört hatte, fühlte ich mich erst mal irgendwie »ertappt«. Ich nehme an, er wollte damit sagen: »Wenn deine Sprüche etwas wert sind, müssen sie zum Erfolg führen, also auch zu deinem Erfolg. Und ob du erfolgreich bist oder nicht, bemesse ich daran, wieviel du besitzt, oder es sind eben nur Sprüche«.

Ich weiß bis heute nicht, woher er wußte, daß ich nicht reich bin. Aber so sieht es aus! Dies ist genau der Punkt, an dem wir angekommen sind: »Wenn du nicht reich bist, kannst du nicht gut sein«. Wir messen Erfolg mittlerweile fast ausschließlich an materiellem Erfolg. Aber was ist mit Herzensgüte, mit Ritterlichkeit, mit Hilfsbereitschaft? Lästige Tugenden für Romantiker, Idealisten und blauäugige Träumer?

Erfolgreich in Charakterbildung? Ist das etwas wert? Wer will das schon haben? Und kann man das überhaupt bemessen? Sollte unsere humanistische Lehr- und Erziehungsgrundlage tatsächlich nicht mehr präsent sein?

Doch, doch: In Ihnen drinnen, da ist noch immer alles vorhanden. Was uns krank macht, ist der Zwiespalt. Ganz tief drinnen sitzt ja auch noch dieser Spruch: »Eher wird ein Kamel durch ein Nadelöhr gehen, als ein Reicher in den Himmel kommen«.

Diese und ähnliche tiefverwurzelte Überzeugungen hindern uns daran, reich zu werden, ohne unsere humanistischen Ideale zu verraten. Ich sage Ihnen, werden Sie so reich, wie Sie wollen. Ihre Ideale, Ihre »Charakterbildung« werden erst dann gefährdet, wenn Sie sich an Reichtum binden. Wenn Geld an sich Ihr Ziel ist, dann wird es gefährlich. Nun, was sind denn eigentlich Ihre persönlichen Ziele? Was wollen, was benötigen Sie wirklich? Und was ist nur Mittel zum Zweck? Sie entscheiden!

Kapitel 2

Kontrolle ist gut, Vertrauen ist besser

Wie klingt das in Ihren Ohren? Leider kennen wir diesen Satz nur andersherum: Vertrauen ist gut, Kontrolle ist besser. Und genau darum geht es bei unserer ersten *Forderung an neue Formen der Zusammenarbeit*. Wenn Kontrolle besser ist als Vertrauen, dann werden wir immer versuchen, Abläufe, Organisationen, Lebenssituationen, Beziehungen, Handlungen, Worte, kurz: alles, was uns widerfährt oder widerfahren könnte, zu kontrollieren. Nichts kann hinderlicher sein, Vertrauen zu entwickeln, als der Versuch, alles und jedes zu kontrollieren. Was hat uns dieses negative Postulat schon alles gekostet. Wieviel entzieht sich, entgleitet uns gerade durch den Versuch, es zu kontrollieren. Insbesondere in zwischenmenschlichen Beziehungen. Kaum weniger bei betrieblichen bzw. organisatorischen Abläufen. Wer versucht, alles ständig zu kontrollieren, wobei man sich selbst natürlich mit einbezieht, wird letztlich im Chaos enden. Der vollständige Zusammenbruch totalitärer Staaten des Ostens, die sich in extremer Weise der Kontrolle verschrieben hatten, hat dies exemplarisch vorgeführt.

Je mehr Kontrolle, desto weniger Eigenverantwortung

Je mehr Kontrolle ausgeübt wird, desto intensiver werden die Menschen Methoden entwickeln, sich dieser Kontrolle zu entziehen. Tarnen und Täuschen wird ein wichtiges Instrument zum Überleben, eine »Überlebensstrategie«. Solchermaßen entwickeltes Tarnen und Täuschen ist besonders gefährlich, weil es ohne Unrechtsbewußtsein geschieht. Ein seltsames Mißtrauensklima- oder besser eine *Mißtrauens-Kultur* entwickelt sich, in der zwei Sprachen existieren: eine, die gesprochen, und eine, die gemeint wird. Eigenartigerweise verstehen trotzdem viele der Beteiligten mehr oder weniger richtig, wie das Gesagte zu interpretieren ist. Allerdings setzt dieses Interpretieren einiges an Übung voraus. Da haben wir schon die *erste große Quelle permanenter Mißverständnisse*. Wie unnötig. Wie umständlich. Welch eine Verschwendung von Human-Energien.

Von der Mißtrauenskultur zur Vertrauenskultur

Jeder Wandel muß einen klar erkennbaren Nutzen bieten, sonst werden wir diesen Wandel blockieren. Warum sollte man etwas Bekanntes, oft auch Bewährtes, loslassen, solange man nichts Besseres in Händen hält? Dies ist unsere *zweite Forderung an neue Formen der Zusammenarbeit*.

Wer außer der Zukunft selbst könnte uns beweisen, daß etwas Neues etwas Besseres sein sollte? Loslassen hat also zu tun mit Abenteuer, Risiko, mit Unternehmungsgeist und Mut. Was also könnte der Nutzen eines permanenten Wandels sein? In der Tat, ob Veränderungen positiver oder negativer Natur sind, kann niemand voraussehen. Obwohl es im-

Der Veränderungskreislauf

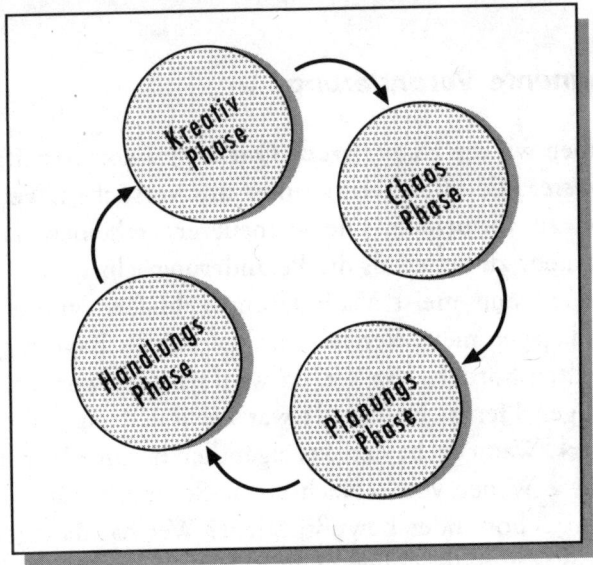

Abbildung 1

Die Angst vor Veränderung hat zu tun mit der Angst vor dem Chaos. Grundlegende strukturelle Veränderungen führen aber so gut wie immer in ein Chaos. Wenn dies als »normaler« Prozeß verstanden wird, kann die Chaos-Phase in kürzerer Zeit durchlaufen werden, mit weniger negativen Emotionen. Wer versucht, die Chaos-Phase zu übergehen oder gänzlich zu vermeiden, wird die Chaos-Phase dennoch erleben, aber zusätzlich mit negativen Emotionen belastet sein. Das unterscheidet kreatives Chaos von zerstörerischem Chaos.

mer wieder Menschen gibt, die so etwas behaupten. Das einzige, was wir über Veränderungen mit Sicherheit sagen können, ist, daß sie unabdingbar sind. Sie geschehen einfach, ob wir das akzeptieren oder nicht.

Permanente Veränderung

Da haben wir die *zweite große Quelle permanenter Mißverständnisse*. Die »Bewahrer« unter uns versuchen, Veränderungen zu vermeiden. Die »Erneuerer« scheinen dagegen nichts mehr zu lieben als die Veränderung selbst.

Kinder sind meist Veränderungsliebhaber, ältere Menschen dagegen meist Veränderungsgegner. In Bayern gibt es einen alten Spruch: »Später, da wird's besser werden, sag'n die jungen Herrn. Früher, da war's schöner, sag'n die alten Männer«. Wann dreht sich das eigentlich herum? Wer hat bei sich diese Wende vom »Nach-vorne-Schauen« zum »Rückblicken« schon, oder bewußt, erlebt? Wer hat da eigentlich recht? Was wir tatsächlich nicht beeinflussen können, ist, *ob* Veränderungen stattfinden oder nicht. Was wir dagegen sehr wohl beeinflussen können, ist, *wie* diese Veränderungen ablaufen. Wir können lernen, Veränderungen zu steuern. Dies setzt allerdings voraus, daß wir uns auf Veränderungen einlassen. Wenn möglich, freudig, offen, neugierig, aber auch vorsichtig, umsichtig, aber vor allem mutig. Dies ist die *dritte Forderung an neue Formen der Zusammenarbeit.*

Strukturelle Veränderungen setzen Änderungen der Haltung voraus

Damit sind zunächst Änderungen der »Haltung« gemeint, nicht gleich Änderungen des »Verhaltens«. Wer in Veränderungsprozessen auf grundlegende Verhaltensänderungen aus ist, die noch dazu möglichst rasch eintreten sollen, wird unweigerlich an der Natur der Menschen scheitern. Viele KPVs (»Kontinuierliche Verbesserungsprozesse«) sind deswegen steckengeblieben, schleppen sich dahin oder sind gänzlich gescheitert.

Die persönliche Haltung, die man zu etwas hat, kann über die Einsicht, die Erkenntnis, auf der kognitiven Ebene relativ schnell geändert werden.

Bis sich aber die entsprechenden Gefühlsmuster, die einer Verhaltensänderung vorausgehen, nachhaltig ändern, dauert es in der Regel 8 bis 12 Jahre. Das Bild, das man von sich selbst hat, das »Eigenbild«, das »Selbstimage«, nachhaltig zu ändern, setzt den gleichen Zeitraum voraus. Wer sich und anderen solche Zeiträume für grundlegende Verhaltensänderungen zugesteht, wird mit Erfolg belohnt. In unseren Beziehungen erwarten wir aber so gut wie immer sofortige Verhaltensänderungen. Natürlich etwas mehr beim anderen als bei uns selbst. »Änderst du dich, dann will auch ich mich ändern«.

In der Praxis bedeutet dies nichts anderes, als daß außer gegenseitigen Vorhaltungen nichts geschieht. Warum also nicht gleich von vornherein versuchen, einander so zu akzeptieren, wie wir nun mal sind?

Kapitel 3

Gegenseitige Akzeptanz

Gegenseitige Akzeptanz anstatt schnelle Verhaltensänderungen anzustreben, das ist die *vierte Forderung an neue Formen der Zusammenarbeit.*

Föderative Unternehmenskultur

Die Kultur eines Unternehmens wirkt nach innen und nach außen. Innen geht es um gegenseitige Akzeptanz, Wir-Gefühl und Motivation. Nach außen geht es um Ansehen (Image), Auftritt und Verhalten (Abb. 2). In diesem Buch beschäftigen wir uns hauptsächlich mit der Innenwirkung von Unternehmens-Kultur.

Gegenseitige Akzeptanz wird gelegentlich mit Kritiklosigkeit oder Laxheit verwechselt. Gegenseitige Akzeptanz hat als Gegenpart die Trennung: »Entweder es gelingt mir, dich so anzunehmen, wie du bist, oder ich trenne mich von dir«. So einfach, so konsequent gehandhabt, wird es funktionieren.

Nur dort, wo ich akzeptiert werde, wie ich nun mal bin, wo ich keine Rolle spielen muß, wo es genügt, ich selbst zu sein, nur dort kann ich Heimat, kann ich Zugehörigkeit erle-

Die zwei Seiten der Unternehmenskultur

Innen geht es um

Gegenseitige Akzeptanz auf allen Ebenen der Hierarchie.

Echtes, gewachsenes Wir-Gefühl mit breitem, emotionalen Konsens.

Gegenseitige, anhaltende Motivation als reflektiver Prozeß, sowohl von "oben" nach "unten" als auch von "unten" nach "oben"

Außen geht es um

Ansehen in der Öffentlichkeit. Ein Klares, von innen nach außen gelebtes Image

Glaubwürdiger Auftritt nach draußen und nach drinnen. Professionelles Marketing.

Berechenbares, förderatives Verhalten, ob Mitarbeitern oder Lieferanten gegenüber. Offen, konkret, direkt.

Abbildung 2

In Zeiten ausgeprägten strukturellen Wandels brauchen wir ein vertrauensvolles Miteinander. Ein Klima der gegenseitigen Akzeptanz, ein angstfreies Klima ist die Voraussetzung für Wir-Gefühl und Motivation. Wenn wir den Wandel unbeschadet überstehen wollen, brauchen wir die Kreativität und föderative Mitarbeit aller Beteiligten, ob Mitarbeiter, Führungskräfte oder potentielle Partner.

ben. Und warum sollte ich ausgerechnet am Arbeitsplatz, dort, wo ich die meiste wache Zeit meines Lebens verbringe, keine Zugehörigkeit, *keine* Heimat erleben?

Die fünfte Forderung an neue Formen der Zusammenarbeit lautet deshalb! Wir sollten versuchen, überall dort, wo wir als Menschen zusammenleben, zusammenarbeiten müssen, auch so etwas wie Heimat zu schaffen.

Ohne gegenseitige Akzeptanz kann kein Wir-Gefühl entstehen. Auf diese Grundvoraussetzung, und wie man sie erlangt, werden wir in diesem Buch immer wieder zurückkommen. Erst, wenn wir gelernt haben, einander so zu akzeptieren, wie wir sind, wird sich echtes, natürlich gewachsenes Wir-Gefühl entwickeln. Und dieses Wir-Gefühl wächst genau im selben Tempo, wie auch die gegenseitige Akzeptanz zunimmt. Dieses Wir-Gefühl ist die Basis langfristiger Motivation. Ohne Wir-Gefühl gibt es keine anhaltende Motivation. Was haben wir alles versucht an Motivationsprogrammen! Kennen Sie das? Hat es bei Ihnen funktioniert? Meist waren es irgendwelche Belohnungsstrategien, bei der die materielle Anerkennung – wenn überhaupt als Anerkennung erkennbar – im Vergleich zur persönlichen Anerkennung weit im Vordergrund stand, umgekehrt wäre es richtig gewesen. Außerdem haben wir jahrzehntelang unseren Führungskräften eingehämmert, daß Motivation von ihnen auszugehen hat. Sozusagen als Einbahnstraße von oben nach unten.

Da fragt man sich schon, wie lange kann ein normaler Mensch das aushalten? Wo soll er all die Jahre all die Kraft hernehmen? Und wer motiviert eigentlich die Führungskräfte?

Motivation als reflektiver Prozeß

Führungskräfte brauchen die Anerkennung ihrer Mitarbeiter genauso wie die Mitarbeiter die Anerkennung der Führungskräfte. Dies ist die *sechste Forderung an neue Formen der Zusammenarbeit.*

Wieviele Führungskräfte ringen, ja buhlen vergeblich um die Anerkennung ihrer Mitarbeiter? Woher kommt das eigentlich? Warum ist es so schwierig, die Anerkennung seiner Mitarbeiter zu bekommen? Weil es um Autorität geht. Autorität hat zwei Gesichter, das Autoritäre und das der natürlichen Autorität. Ersteres verabscheuen wir, letzteres zieht uns an. Aber wie kommt man zu natürlicher Autorität? Durch Offenheit! Aus Offenheit entsteht Berechenbarkeit und Glaubwürdigkeit. Und aus Glaubwürdigkeit erwächst mit der Zeit natürliche Autorität.

Je mehr Blickpunkte in einer Welt, in einer Gruppe zum Ausdruck kommen können, desto leichter ist diese Gruppe steuerbar. Aus sich selbst heraus. Eigenverantwortlich, selbststeuernd und selbstorganisierend. Dies muß man allerdings wollen. Wer Führungsverlust oder Autoritätsverlust fürchtet, wird Selbststeuerung ungern zulassen. Er sollte aber bedenken, daß nur Selbststeuerung zu Selbstverantwortung führen kann. Dies ist die *dritte große Quelle für Mißverständnisse.*

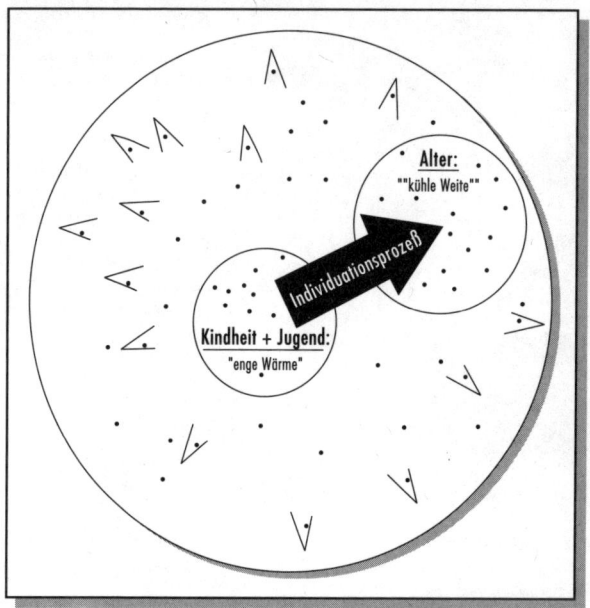

Abbildung 3
Die Spezies Mensch besteht aus einer im Prinzip unendlichen Anzahl von Bewußtseinszuständen, Blickpunkten, Standpunkten und Blickwinkeln. Diese Vielgestaltigkeit ist der innere Motor und der kreative Pool unserer Spezies.

Kapitel 4

Der große Wissenspool

Pluralität als positive Qualität

Das Anderssein des anderen als Qualität zu begreifen ist unsere *siebte Forderung an neue Formen der Zusammenarbeit*

Die Spezies Mensch bezieht ihre Dynamik, ihre innere Kraft aus ihrer Vielgestaltigkeit. Jedes Individuum nimmt seinen ganz spezifischen Standpunkt ein. Kein Bewußtseinszustand gleicht dem anderen. So gesehen, besteht die Menschheit aus einer im Prinzip unendlichen Anzahl unterschiedlicher Bewußtseinszustände (Abb. 3).

Pluralität, Individualität und Flexibilität bilden den Motor der Evolution. Daraus entsteht alle Dynamik, Kreativität und Entwicklungsfähigkeit. Jeder Mensch strebt, bewußt oder unbewußt, danach, seinen individuellen Bewußtseinszustand, seinen Blickpunkt, seinen Standpunkt auszudrücken und permanent zu erweitern. Dabei muß zunächst keiner dieser Blickpunkte bewertet werden.

Jeder Blickpunkt hat aus sich selbst heraus erst mal »recht«, ist sich selbst genug und damit »richtig«. An dieser Stelle wird häufig eingewendet: »Eine Welt, in der jeder recht hat, kann nicht regiert werden. Eine solche Welt ist nicht mehr steuerbar. Zerstörerisches Chaos wird das Ergebnis sein«.

Das Gegenteil ist der Fall. Zerstörerisches Chaos wird keineswegs das Ergebnis sein.

Das kollektive Unbewußte

Alle Bewußtseinszustände, alle Blickpunkte zusammengenommen bilden den großen Kreativ-Pool, das sogenannte »kollektive Unbewußte«. Das kollektive Unbewußte ist der gemeinsame »Bewußtseinsertrag«, den die Spezies Mensch erwirtschaftet, ständig fortschreibt und dabei das gemeinsam Erlernte ständig optimiert, erweitert, subsumiert. Prinzipiell hat jeder Mensch Zugriff auf diesen gewaltigen Wissenspool: innerlich über Intuition, Imagination und Vision, äußerlich durch Bibliotheken, Datenbanken und Publikationen.

Es gibt viele Techniken, aus diesem Pool zu schöpfen, ob als Individuum oder als Gruppe. Diese Techniken haben mit einer bestimmten Gefühlslage zu tun. Wie man in solche Gefühlslagen kommen kann und wie diese Techniken funktionieren, wird im Kapitel *Kreativtechniken* dargestellt.

Abgrenzung contra Konsens

Eigenständigkeit contra Zusammengehörigkeit, diesen natürlichen Gegensatz zu akzeptieren, ist die *achte Forderung an neue Formen der Zusammenarbeit*.

Von Kindheit an beschreibt jedes Individuum seinen Blickpunkt, seinen Standpunkt durch ein ständiges »Umkreisen«, ständiges »Darstellen« desselben und übt sich dabei in der Abgrenzung: »Das ist oben und dies unten«, »das ist draußen und das ist drinnen«, »das bin ich und dies sind die anderen«.

So entsteht ein Verständnis der Welt und das Bewußtsein der eigenen Persönlichkeit: einerseits durch Abgrenzung, andererseits durch permanente Suche nach Konsens, nach Übereinstimmung. In Kindheit und Jugend ist der Spielraum für Eigenständigkeit gering, Konsens geht vor Eigenständigkeit. In der Pubertät dreht sich das um, Eigenständigkeit geht vor Konsens. In Kindheit und Jugend geht es dabei eher um emotionalen Konsens, im Erwachsenenalter wird Konsens eher auf rationaler Ebene gesucht.

Den Weg von Kindheit und Jugend bis zum Alter kann man als Individuationsprozeß bezeichnen. Viele Menschen erleben diesen Weg aber nicht als Mehrung, als Zugewinn, sondern als langsam fortschreitende, innere Vereinsamung. Dies zeigt sich auch daran, wie unsere westliche Industriekultur mit Alter, mit Altwerden, umgeht. Wir betrachten Alter als Krankheit. Wir behandeln alte Menschen wie dumme Menschen, genaugenommen wie dumme, kranke Menschen.

Und doch hat jeder von uns das Bild des alten Indianerhäuptlings im Kopf, wie er da auf dem Berg steht. Im Sonnenuntergang. Ein Bild von einem Mann. Weise, sicher in sich ruhend, eine natürliche Autorität.

Auf diese Weise alt zu werden bedeutet, Alter als erstrebenswerten »Ertrag des Lebens« zu erfahren.

Drei Generationen-Teams

Jeder entscheidet für sich selbst, auf welche Weise er alt wird. Es ist die Entscheidung des Individuums, nicht die Entscheidung der Gesellschaft.

Teams, die aus drei Generationen bestehen, sind stabiler, kreativer und letztlich auch dynamischer. Dazu gehört der

Junge, der alles hinterfragt, dem nichts schnell genug geht; der Mensch im mittleren Alter belastbar, verläßlich, vielleicht nicht mehr ganz so kreativ; und schließlich der Alte, der »Silberrücken«, lebenserfahren, nicht mehr so flexibel, physisch weniger, psychisch oft stärker belastbar. Solche Teams, generations-vertikal zusammengestellt, entwickeln einen hohen Grad an Selbstverantwortung, innerer Selbstorganisation, Kraft und Mut auch zum Wandel, wie es generations-horizontalen Gruppen kaum gelingt.

Die Voraussetzungen dafür sind, daß solche generations-vertikalen Gruppenzusammensetzungen als qualitativ höherwertig erkannt werden und daß die verschiedenen Generationen in diesen Gruppen einander in dieser Verschiedenheit voll und ganz respektieren. Im Moment schicken wir viele dieser Silberrücken in den vorzeitigen Ruhestand und entlassen damit auch deren Erfahrung. Auch das ist eine Form der Verschwendung.

Wenn Sie dieses Blickpunkt-Modell für sich noch etwas weiterdenken, werden Ihnen sicherlich noch viele weitere Analogien und Bezüge auf- und einfallen. Sie werden zum Blickpunktjäger. Mehr und mehr sind Sie an den Blickpunkten anderer interessiert. Zuhören wird plötzlich einfach, weil spannender. Und jeder Blickpunkt eines anderen Individuums, den Sie dem Ihren hinzufügen können, wird als Zugewinn erlebt. So entsteht Mehrung und Fülle. Durch Ablehnung und übertriebene Abgrenzung entsteht Minderung und Mangel.

Die Natur arbeitet immer nach dem Prinzip der Fülle. Die Evolution im ganzen gesehen, bewegt sich konsequent von Minus nach Plus. Dieses Plus-Element, dieses Expansive, Fortschreitende durchzieht alles, was wir beobachten können. Im großen wie im kleinen. Mangel ist buchstäblich eine Erfindung des menschlichen Verstandes. Diese Aussage wird oft insbesondere von solchen Menschen als zynisch empfunden, die sich gerade in einer Mangelsituation befinden. Dennoch, sich vom Mangel-Denken zu lösen, ist oftmals der entscheidende Schritt, notwendige Veränderungen nicht negativ zu erleben.

Kapitel 5

Gruppe contra Individuum

Unser Harmonieverständnis geht meist davon aus, daß Harmonie entweder durch Vermeidung von Auseinandersetzungen oder nach einer Auseinandersetzung eintritt. Erst wenn der letzte Kampf gefochten, nein gewonnen ist, kehrt Friede ein. Deshalb kämpfen wir im Grunde ständig, denn irgendwie ist es immer der letzte Kampf. Und wir wollen natürlich gewinnen. Stellen Sie sich einmal vor, Sie würden alle Auseinandersetzungen, die Sie führen, »gewinnen«. Irgendwann hätten Sie nur noch Verlierer um sich. Manche Führungskräfte scheinen das zu mögen. Aber in Wirklichkeit mag das niemand. Es macht einfach nur inflexibel, einsam und ich-bezogen. Mit Auseinandersetzungen nicht richtig umgehen zu können, führt dazu, daß wir mehr Kreativität in die Entwicklung von Vermeidungsstrategien oder Gewinnstrategien stecken als in die Entwicklung einer gutartigen, auf gegenseitige Akzeptanz aufbauende Auseinandersetzungs-Kultur.

Worum geht es wirklich in Auseinandersetzungen, wenn es nicht unbedingt um das Gewinnen geht? Es geht um die Auseinandersetzung als solche! Um permanente Auseinandersetzung. Um den Austausch an sich. Jeder kann sich im Auseinandersetzungs-Führen qualifizieren. Jede Führungskraft sollte ein Auseinandersetzungs-Profi sein. Dies ist die *neunte Forderung an neue Formen der Zusammenarbeit*. Das

Großartige an unseren Verstandesfähigkeiten ist, daß jedes Individuum in seinem Verstand zu jedem Thema mindestens zwei völlig unterschiedliche Blickpunkte gleichzeitig aufrechterhalten kann, ohne dadurch sonderlich verwirrt zu werden. Versuchen Sie einmal, einer Fernsehdiskussion, in die Sie emotional nicht involviert sind, distanziert zuzuhören. Sie werden feststellen, daß es Ihnen ohne große Schwierigkeiten gelingt, sich sowohl zum Anwalt der einen als auch der anderen Partei zu machen. Dies ist eine Fähigkeit, eine Fähigkeit die nur wir Menschen besitzen.

Erst die Gruppe, die Gesellschaft, das Umfeld zwingen uns zu einer Entscheidung für oder gegen etwas. Oft nach dem Motto: Bist du nicht für mich, dann bist du gegen mich.

Harmonie als Folge permanenter Auseinandersetzung

Harmonie ist ein labiler Zustand, der nur durch permanente Auseinandersetzung aufrechterhalten wird. So wird Konsens entwickelt. Die Suche nach Konsens, nach Übereinstimmung, ist immer prozeßhaft. Konsens erfordert Zeit zur Auseinandersetzung und ein Klima der gegenseitigen Akzeptanz. Die Frage, ob wir uns auseinandersetzen müssen oder nicht, ist entschieden: Wir müssen! Aber das Klima, in dem die Auseinandersetzung stattfindet, das können wir wählen. Das natürliche Interesse einer Gruppe ist die möglichst vollständige Ein- und Anbindung ihrer Individuen. Irgendwann kommt der Punkt, an dem die Gruppe am Erhalt der eigenen Strukturen, der eigenen Macht, stärker interessiert ist als am Wohlergehen ihrer Individuen. Das ist der natürliche Verlauf, die innere Dynamik einer Gruppe. Je mehr der Gruppendruck wächst, desto mehr wird das Individuum in der Gruppe dazu gedrängt, sich für Widerstand oder Unterwerfung zu entscheiden oder sich der Gruppe zu entziehen. Erst erfolgt die innere Kündigung, später die äußere.

Das natürliche Verhalten eines Individuums in der Gruppe ist, daß es sein persönliches Interesse über das Gruppeninteresse stellt. In einem angstfreien Klima kann dies zugegeben, wenn auch nicht immer gelebt werden. Ein angstfreies Klima schafft einen geschützten Raum. Und in diesem Raum wird die Auseinandersetzung zwischen Gruppe und Individium einfacher, offener, konkreter und letztendlich auch direkter. In einem bedrohlichen Klima werden persönliche Interessen oft verschleiert. Heuchelei ist erfolgreicher als Offenheit, oder es scheint zumindest so zu sein, obwohl man es besser weiß. Die permanente Auseinandersetzung zwischen der Gruppe und ihren Individuen ist so alt wie die Menschheit. Sie findet in der Familie statt, im Sportverein, im Freundeskreis und natürlich genauso in den Unternehmen. Sie entscheiden, in welchem Klima diese Auseinandersetzungen stattfinden. Jeder entscheidet dies für sich. Wir alle sind beteiligt. Wir alle bestimmen Tag für Tag das Klima (Abb. 4).

Ethische Grundwerte

Moralvorstellungen sind von Kulturkreis zu Kulturkreis unterschiedlich. Es gibt jedoch ethische Grundwerte, die ihnen gemeinsam sind. Jedes Individuum ist sich selbst gegenüber auf der Basis stets gleichbleibender ethischer Werte verantwortlich. Solange wir aber Ethik oder auch Moral dazu benutzen, um uns gegenseitig mit Vorhaltungen in Schach zu halten, solange werden wir diese unveränderlichen Werte nicht nutzen können. Es geht nicht wirklich um einen Wertewandel im Sinne einer Veränderung der ethischen Grundwer-

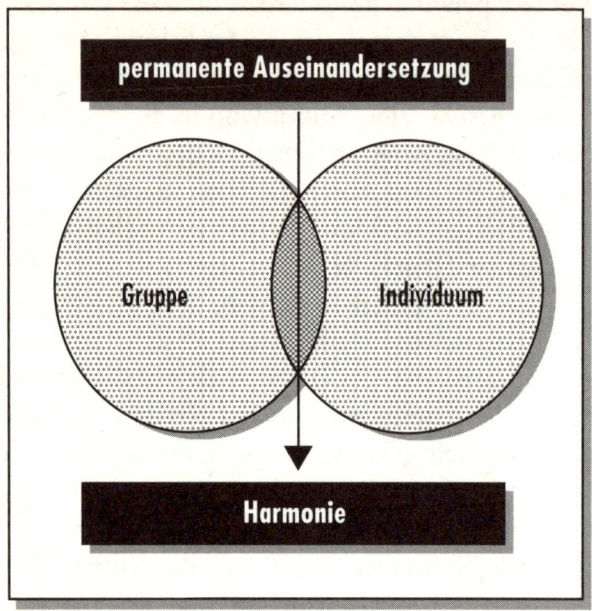

Abbildung 4:
Die älteste Auseinandersetzung, die wir kennen, findet zwischen Gruppe und Individuum statt. Das natürliche Interesse einer Gruppe ist die möglichst weitgehende An- und Einbindung seiner Individuen – oft über das Eigeninteresse des Individuums hinaus. Das natürliche Interesse eines Individuums besteht darin, sein Eigeninteresse über das Gruppeninteresse zu stellen. Nur die permanente Auseinandersetzung führt zu einem gleichwohl spannungsreichen wie harmonischen Klima. Wir müssen Auseinandersetzungsprofis werden. Das kann man lernen.

te, sondern darum, diese unveränderlichen Werte in unser Leben zu bringen, sie lebbar zu machen.

Solange wir ethische Werte als idealisierte Zielwerte behandeln, solange werden wir darüber reden wie der Wolf, der süße Trauben sauer redete, nur weil sie ihm zu hoch hingen.

Wie schon an anderer Stelle gesagt, wir Menschen werden Dinge nur dann wirklich zielstrebig verfolgen, wenn sie einen greifbaren Nutzen bieten. Solange uns »Lug und Trug«, »Tricky-Sein«, »Tarnen und Täuschen« schneller ans Ziel unserer Wünsche zu führen scheinen, solange werden wir immer in Versuchung sein, diesen anscheinend kürzeren Weg zu wählen.

Erst wenn wir gelernt haben, jeder für sich und die Gruppe als Ganzes, daß ethische Werte uns keineswegs daran hindern, unsere Ziele zu erreichen, sondern im Gegenteil, ethische Werte uns immer bei der vielzitierten »Selbstverwirklichung« unterstützen werden, erst dann werden wir uns diesen Werten auf eine praktische, lebbare und erfolgversprechende Art, ernsthaft und zugleich mit Leichtigkeit, zuwenden. Und das ist die *zehnte Forderung an neue Formen der Zusammenarbeit.*

Hängen Sie die Trauben nicht zu hoch. Überprüfen Sie für sich und in der Gruppe, welche Grundwerte auf welche Weise lebbar gemacht werden können.

Kapitel 6

Vom Umgang mit Stimmungen und Emotionen

Prägungen

Schallplatten sind in Rillen geprägte Töne, Schwingungen, Informationen. Egal, wie oft Sie eine Schallplatte auflegen, es wird immer dasselbe Lied zu hören sein. Ohne die geringste Variante. Selbst wenn sie nur noch kratzt und krächzt, das Lied bleibt unverändert. Ähnlich ist es mit den Prägungen, die wir in der Kindheit empfangen haben (Abb. 5). Kaum jemand kann sie grundlegend verändern. Und jeder hat seine ganz individuellen Prägungen, die ihn in bestimmten Situationen beinahe automatisch auf diese oder jene Weise reagieren lassen.

Wenn wir dies voneinander wissen und es einfach nur akzeptieren, ohne zu versuchen, ständig am anderen zu arbeiten, dann haben wir eine realistische Chance, ein Klima des gegenseitigen Respekts, der gegenseitigen Akzeptanz zu entwickeln. Akzeptieren Sie Ihr Gegenüber, so wie sie oder er eben ist. Und Ihr Gegenüber wird Sie so akzeptieren, wie Sie eben sind. Dann wird das Anderssein des anderen zur positiven Qualität, zur eigentlichen Qualität jeder Gruppe. Gegenseitige Akzeptanz ist der Schlüssel für gemeinsame Erfolge.

Oft sind wir unseren Stimmungen unterworfen. Meist kennen wir deren Ursachen nicht einmal, oder sie sind uns

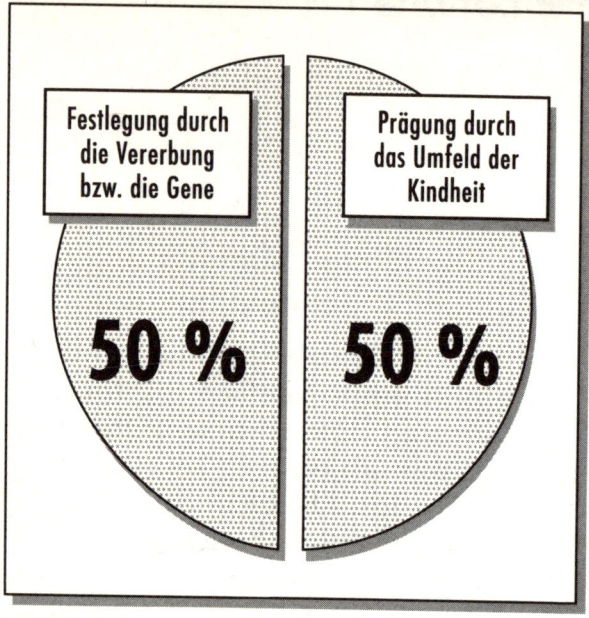

Abbildung 5
80 Prozent der Prägungen sind bis etwa zum 5. Lebensjahr abgeschlossen. 100 Prozent der Prägungen sind mit dem 12. bis 15. Lebensjahr weitgehend abgeschlossen. Trotz dieser Festlegungen bzw. Prägungen bleibt genügend Spielraum für die eigene Entwicklung. Die Inhalte der eigenen Prägungen zu kennen, kann dabei sehr hilfreich sein.

nur verschwommen bewußt. Wenn Sie sich einmal selbst beobachten, werden Sie überrascht feststellen, wie häufig Sie an einem einzigen Tag die Skala der Emotionen hinauf- und hinuntergehen. Und den Menschen in Ihrem Umfeld geht es natürlich genauso.

Wenn wir uns gegenseitig unsere Emotionen vorwerfen, werden wir versuchen, sie zu verdrängen, zu unterdrücken oder zu verschleiern. Und genau dies gehört zum Schlimmsten, was man sich und anderen antun kann. Unterdrückte Emotionen schwächen die Leistungsbereitschaft und die Leistungsfähigkeit, vergiften das Klima, erschweren das Verfolgen und Erreichen von Zielen, komplizieren den Umgang miteinander und machen letztlich krank.

Was wir tun können, ist, einfach zu akzeptieren, daß wir emotionale und eben nicht rationale Wesen sind. Beanspruchen Sie Ihren emotionalen, Ihren psychischen Freiraum, und gewähren Sie ihn anderen. Dies gibt Ihnen und Ihrem Gegenüber die Luft zum Atmen, die Möglichkeit, sie selbst zu sein.

Energiefresser

Schuldgefühle, Angst, Fehler, Kritik, Mißerfolge, Demütigungen, psychischer Druck, Krankheit, Aggression: dies alles sind Energiefresser. Angst, Ärger und Schuldgefühle sind die Hauptenergiefresser (Abb. 6). Betrachten wir den Ärger. Sie selbst sind das Schlachtfeld, auf dem Ihr Ärger sich austobt. Dieser Kampf spielt sich immer im eigenen Inneren ab. Die Frage ist, wie verläßt man dieses Schlachtfeld? Wie kommt man herunter vom »Ärgerband«?

Wenn Sie das Gefühl des Ärgers oder der Wut bei sich selbst einmal ganz bewußt wahrnehmen, werden Sie feststellen, daß es eigentlich kaum länger anhält als 5 bis 30 Minuten.

Umgang mit negativen Emotionen

Hauptenergiefresser

1. ANGST
2. ÄRGER
3. SCHULDGEFÜHLE bzw. FEHLER

Abbildung 6
Die Mehrzahl der negativen Emotionen, die uns Energien rauben, kann man unter den drei Hauptenergiefressern Angst, Ärger und Schuldgefühle zusammenfassen. Den Umgang mit diesen Emotionen zu lernen und nicht das Unterdrücken und auch nicht der Versuch, diese Emotionen vollständig loszuwerden, führt zu heiterer Gelassenheit.

In der Zeit danach geht es meistens nur noch darum, das Gesicht zu wahren. »Aber ein Mensch mit Charakter kann doch nicht gleich wieder gut sein, oder?«

Doch, er kann. Kinder können es. Und Sie können es auch. Wenn der erste Zorn vorbei ist, dann treten Sie einfach herunter vom Ärgerband. Sie werden erstaunt sein, daß dies so einfach möglich ist, wenn Sie es wirklich wollen. Und Sie werden erstaunt sein, wieviel Energie Ihnen dann zufließt.

Oder nehmen wir Angst. Meist versuchen wir, dem unangenehmen Gefühl der Angst auszuweichen. Dies erzeugt letztlich Angst vor der Angst. Das ist die eigentliche Falle. Nicht die Angst selbst. Das Gefühl der Angst ist ein wichtiges Signal. Angst völlig abzuschaffen, würde bedeuten, auf eine bestens funktionierende, sehr subtile Sensorik zu verzichten. Aber die Angst vor der Angst brauchen wir nicht. Diese Angst wird nur durch Konfrontation mit der Angst selbst abgebaut. Das kann mit diversen Imaginations-Übungen geschehen, von denen eine im Abschnitt *Übungen* beschrieben wird.

Gestatten Sie Fehler

Gestatten Sie sich und Ihrem Umfeld, Fehler zu machen. Es gibt keine bessere Methode, um etwas herauszufinden, als Fehler zu machen. »Aus Fehlern lernen« hören wir oft. Wie aber soll man aus Fehlern lernen, wenn gleichzeitig Strafe droht?

Wir alle arbeiten mit der »Versuch-Irrtum-Methode«. Wissenschaftler nennen dies ein »Experiment«, dem Sie eine »Hypothese« vorausschicken. Das heißt im Grunde nichts anderes, als »Wir wissen nicht, wie's geht«. Und wenn das Experiment mißlingt, dann stellen wir eine neue Hypothese auf. Das heißt: »Wir wissen immer noch nicht, wie's geht«.

Genaugenommen ist diese Verfahrensweise nichts anderes, als Fehler so lange zuzulassen, bis man eben weiß, wie's geht. Dies setzt den Mut zum kreativen Chaos voraus, »Chaosakzeptanz«, »Chaosmanagement« oder »Chaosnavigation« sind Begriffe, die uns künftig häufiger begegnen werden.

Der Zwillingsaspekt des Fehlers ist das Schuldgefühl. Habe ich einen Fehler gemacht, fühle ich mich keineswegs gut und begreife den Fehler meistens eben nicht als Chance, sondern ich fühle mich schuldig. Wird der Fehler aufgedeckt, fühle ich mich auch noch ertappt.

Schuldgefühle loslassen

Schuldgefühle wird man nicht völlig abschütteln können, aber Sie können lernen, damit umzugehen.

Wir sind mit Schuldgefühlen »erzogen« worden. Noch heute gewinnen wir am leichtesten Macht über einen anderen Menschen, wenn wir es schaffen, ihn ins Unrecht zu setzen: »Du bist schuld, daß es mir jetzt so schlecht geht«. Kennen Sie das? Schuldgefühle binden sehr viel Energie. Diese Energie aber wäre dringend nötig, um den Umstand zu verändern, der das Schuldgefühl ausgelöst hat. Mit Schuldgefühlen verhält es sich genauso wie mit negativen Gedanken: Schuldgefühle stärken uns nicht. Schuldgefühle nageln uns tief unten auf der emotionalen Skala fest. Wir fühlen uns schlecht. Deshalb lassen Sie Schuldgefühle ganz einfach los. Das hat nichts mit Verantwortungslosigkeit zu tun. Im Gegenteil. Nur wer Schuldgefühle wirklich loslassen kann, ist in der Lage, Fehlerquellen aufzuspüren und angstfrei zu betrachten. Die *11. Forderung an neue Formen der Zusammenarbeit* lautet deshalb:

Emotionen erkennen, zulassen, annehmen, loslassen und lernen, mit ihnen umzugehen. Auch hierzu finden Sie eine Übung im dritten Abschnitt.

Angst als wichtiges Signal

Eine der Emotionen, die Veränderungsprozesse begleiten, ist Angst. Ob der Hintergrund, aus dem die Angst aufsteigt, real ist oder nicht, das interessiert die Angst kaum. Angst, wie alle Emotionen, will ernst genommen werden und braucht für ihre Existenz keinen realen Hintergrund. Emotionen sind sich selbst genug. Die Evolution hat Angst als Signal eingerichtet. Angst soll uns helfen, gefährliche Situationen zu vermeiden. Wenn wir Angst verdrängen, wird sich das Unbewußte einen anderen Weg suchen, sein Unbehagen auszudrücken. Verdrängte Emotionen machen krank. Sogenannte Manager-Krankheiten haben meist dort ihre Ursache. Wenn wir uns das Magengeschwür herausschneiden haben lassen, denkt das Unbewußte nach: »Aha, das hat er lieber so gelöst, wir werden schwerere Geschütze auffahren müssen, um ihn zum ›Hinschauen‹, zum ›Zuhören‹, zu bewegen. Was würde er wohl von einem Herzinfarkt halten?« Nun, wir alle wissen, einige Bypässe sind die gängige Antwort. Die nächste Frage des Unbewußten an seinen Herrn lautet vielleicht: »Was hältst Du von Gicht? Die kann man sich nicht so einfach herausschneiden lassen«. Die übliche Antwort, nicht nur in Managerkreisen, ist: »Wir stellen die Ernährung um«. Kaum zu glauben. Lieber essen wir nur noch Müsli, als daß wir uns selbst einfach mal zuhören. Wobei gegen das Müsli an sich nichts einzuwenden ist. In uns reinhören, hinschauen, Kontakt zu sich selbst halten, das ist die Lösung. Angst kann man niemals gänzlich besiegen. Warum sollte man auch?

Angst kann aber durch Konfrontation reduziert werden. Alle Vermeidungs- oder Verdrängungsstrategien machen die Angst nur stärker.

Mit einer kleinen Geschichte will ich Ihnen vor Augen führen, was es heißt, daß Emotionen sich selbst genug sind. Viele von Ihnen werden eine ähnliche Situation schon einmal erlebt haben.

Ein Ehepaar. Sie sagt zu ihm: »Ich habe heute ein Freundinnen-Treffen. Würdest du bitte auf die Kinder achtgeben?« Er: »Okay, viel Spaß, äh, wann etwa wirst du wieder zu Hause sein? Ich frage nur, weil ich mir überlege, ob ich aufbleibe und auf dich warte oder nicht. Falls es später als 12 Uhr wird, gehe ich lieber ins Bett. Okay?« Sie: »Wir haben ausgemacht, um 11 Uhr Schluß zu machen. Einige von uns müssen ja morgen arbeiten. Ich werde also spätestens um 12 Uhr zu Hause sein.« Er: »Okay.«

Wenn Sie der Ehemann wären, ab wann würden Sie beginnen zu warten? So etwa ab 11.30 Uhr? Klingt ziemlich realistisch.

Um 12 Uhr ist sie immer noch nicht da. Ein Gefühl steigt in ihm hoch und macht sich breit und breiter: Ärger! Um 12.30 Uhr ist sie noch immer nicht da. Aus Ärger wird Wut! Es wird 1 Uhr, 1.30 Uhr. Ein weiteres Gefühl taucht in ihm auf. Ein Gefühl, das eigentlich überhaupt nicht zur Wut paßt: Sorge. Tatsächlich, Ärger und Sorge haben gleichzeitig in uns Platz.

Nun gut, etwa um 2 Uhr morgens kommt sie nach Hause. Statt seinem Gefühl der Sorge zu folgen und sie in den Arm zu nehmen, »Mein Gott, bin ich froh, daß Du da bist«, folgt er ziemlich laut dem Gefühl der Wut: »Was! Jetzt erst kommst du nach Hause ...?« Darauf sie: »Wenn einer Grund hat, wütend zu sein, dann bin ich das! Du hast wieder mal mein Auto bis zum letzten Schluck leergefahren. Und ich bin 12 Kilometer von hier stehengeblieben. Kein Mensch, keine Tankstelle weit und breit ...«. Sie wohnen auf dem Lande, wie Sie sich wahrscheinlich schon gedacht haben. Und sie fährt ein kleines, schnuckeliges Cabriolet, mit der er »just for fun«, gerne mal eine kleine Spritztour macht, bis auf Reserve natürlich. Ja, das muß er zugeben, und dann vergißt er meistens, wieder aufzutanken.

Sie weiter: »... hättest du auch nur ein bißchen nachgedacht, anstatt hier wütend rumzusitzen, wärst du mir vielleicht entgegengefahren. Aber nein, nachdem ich eine halbe Stunde gewartet habe, habe ich es tatsächlich geschafft, in lächerlichen zwei Stunden hierher zu wandern!«

Klinken wir uns an dieser Stelle aus diesem kleinen Ehedisput aus und betrachten wir die Eingangsthese: Emotionen sind sich selbst genug. Alle Emotionen, die unser geplagter Ehemann hatte, waren unzweifelhaft echt. Das Verblüffende an dieser Geschichte ist, daß ein realer Hintergrund für seine Emotionen nicht nur gänzlich fehlte, einfach nicht vorhanden war, sondern er selbst war die Ursache. Aber, wie gesagt, »Fakten« sind den Emotionen völlig egal. Das Grundübel, das uns häufig in unproduktive Auseinandersetzungen hineinzieht, besteht darin, Emotionen einander begründen zu müssen und die damit verbundenen Bewertungen, »richtige« oder »falsche«, »begründete« oder »unbegründete« Emotionen zu haben. Hören wir also auf, uns unsere Emotionen gegenseitig zu bewerten, abzuwerten oder gar vorzuwerfen. Es führt nie zur Klärung, sondern nur zu neuen Emotionen.

Kapitel 7

Das eigene Potential

Woran arbeiten Sie lieber: an sich oder an anderen?

Sie kennen unser gemeinsames Lieblingsspiel? Es heißt: »Wir arbeiten an anderen«, »Ich arbeite an meinem Lebenspartner, an meinen Kindern, an meinen Kollegen, an meinem Chef«, »Ich arbeite an Gott und der Welt, nur nicht an mir«. Und in diesem Kontext noch einmal zum Thema Verhaltensänderung: »Wenn du an dir dies und das änderst, dann kann ich dich annehmen, so wie du bist«. Darauf läuft es immer wieder hinaus. Da aber jeder bei jedem Verhaltensänderungen zur Voraussetzung macht, um ihn zu akzeptieren – ganz zu akzeptieren –, wartet jeder auf den anderen. – Und es ändert sich nichts.

Wie oft werden von Führungskräften Verhaltensänderungen erwartet, damit sich die Situation ändern kann. Und genau dies ist die Sackgasse, in der Veränderungsprozesse, die von schnellen Verhaltensänderungen ausgehen, oftmals mit negativen Ergebnissen steckenbleiben.

Wie wollen Sie denn einen 50- bis 60jährigen Geschäftsführer, Vorstand oder gar Unternehmer ändern? Selbst wenn so ein »Silberrücken« in einem Gruppenprozeß, von Einsicht überwältigt, Verhaltensänderungen verspricht: Welche Chance hat er denn, sein Versprechen zu halten? Nach wenigen Wochen wird er, ob er will oder nicht, wieder der alte sein; und alle um ihn herum, einschließlich er selbst, werden tief enttäuscht sein.

Wie aber soll sich ohne Verhaltensänderungen bei den Führungskräften etwas ändern?

Durch eine Änderung der *Haltung* z.B. die Haltung der Offenheit. Die eigene Haltung gegenüber einem Menschen, einer Situation, einer Sache, kann man durch Einsicht sofort ändern. Bis daraus aber eine bleibende Veränderung des *Verhaltens* wird, das kann, wie gesagt, viele Jahre dauern.

Jetzt wissen Sie, warum das mit den »guten Vorsätzen« so selten funktioniert. Verhaltensänderungen erfordern Zeit und sehr viel Geduld mit den Menschen um sich herum *und* mit sich selbst. Jede grundlegende und strukturelle Veränderung, an der mehrere Menschen beteiligt sind, funktioniert nur so gut, wie diese Menschen bereit sind, einander zu akzeptieren, wie sie nun mal sind. Schnelle Verhaltensänderungen zu erwarten, macht den Veränderungsprozeß nur langwieriger und schwieriger.

Gegenseitige Akzeptanz heißt das Zauberwort und nicht Verhaltensänderungen. Daß aus dem Klima der gegenseitigen Akzeptanz, sozusagen als Anfangsenergie, dann mittel- bis langfristig eben doch Verhaltensänderungen hervorgehen, liegt in der Natur jeder Veränderung.

Andere so zu akzeptieren, wie sie sind, setzt natürlich voraus, sich selbst so zu akzeptieren, wie man ist. An dieser Stelle wird oft eingewendet: »Ja, aber das widerspricht doch der Aussage, nicht an anderen, sondern an sich zu arbeiten!« Nein, das widerspricht diesem Grundsatz nicht! Um an sich selbst erfolgreich arbeiten zu können, ist es notwendig, daß sie zuerst den Umgang mit sich selbst ändern.

Nur wer in der Lage ist, auch sein negatives Potential zu akzeptieren, kann offen und mit unverstelltem Blick auf sich

Mein Potential

positiv 50%	negativ 50%
Durchsetzungsfähig	Aggressiv
Einfühlsam	Wankelmütig
Mitfühlend	Weich
Zugewandt	Einmischend
Ehrgeizig	Eitel
Dynamisch	Ungeduldig
Kreativ	Verzettelnd
Offen	Taktlos
Ehrlich	Rücksichtslos
Gerecht	Hart
Entscheidungsfreudig	Vorschnell
Tolerant	Opportunistisch

Abbildung 7
Wenn man seine negativen und positiven Eigenschaften nebeneinander schreibt, stellt man oft fest, daß diese sich gegenseitig aufheben, ergänzen oder neutralisieren. Meistens gibt es ein Patt: 50:50.

selbst schauen. Und nur wer ohne Schuldgefühle, ohne Angst vor Fehlern, sich selbst gegenübertreten kann, ist wirklich in der Lage, efffektiv an sich zu arbeiten.

Wenn Sie einmal auf einem Blatt Papier auflisten, was Sie an sich selbst als positiv oder negativ empfinden, dann werden Sie feststellen, daß es Ihnen ohne große Mühe gelingt, ein Patt, ein 50:50, herzustellen (Abb. 7). Jeder verfügt über beides, über positives und negatives Potential.

Wenn dies aber tatsächlich so ist, warum sollten dann ausgerechnet Sie Ihr negatives Potential verbergen oder nicht wahrhaben wollen? Schauen Sie ruhig einmal hin, es ist der erste Schritt zur Selbstakzeptanz. Sie können Ihr Potential kaum grundlegend ändern, aber Sie können es kultivieren. Auch dies setzt natürlich voraus, daß Sie es kennen und annehmen. Sie entscheiden, worauf Sie Ihre Aufmerksamkeit richten. Auf die negativen oder auf die positiven Aspekte Ihrer Persönlichkeit. Und genau dort, wohin Sie Ihre Aufmerksamkeit richten, dort blüht es, diese Aspekte werden sich besonders stark entwickeln. Aufmerksamkeit ist wie Energie. Sie können allein durch bewußtes Verlagern Ihrer Aufmerksamkeit Ihren negativen Aspekten Energie entziehen und Ihren positiven Aspekten Energie zuführen. Ohne Verdrängungsprozesse, ohne Schuldgefühle, mit Respekt sich selbst gegenüber.

Wie das funktioniert, ist in den Übungen im dritten Abschnitt dieses Buches zu erfahren. Jetzt ist es natürlich klar! Nur wer sich selbst so akzeptiert, wie er ist, wird andere so akzeptieren, wie diese sind. Immer mit der Option und der Bereitschaft, mehr aus sich zu machen, permanent dazuzulernen.

Wer ist eigentlich Ihr bester Freund?

Sie werden wahrscheinlich kaum einen Menschen finden, der an Ihrem persönlichen Wohlergehen ein derart vitales Interesse hat wie Sie selbst, und das ist völlig in Ordnung.

Ergo sind Sie selbst Ihr bester Freund. Jetzt interessiert nur noch die Frage, wie Sie mit Ihrem besten Freund eigentlich umgehen. Wenn Sie es großzügig, geduldig, liebevoll, verzeihend, offen, gütig, unterstützend, anerkennend usw. tun, dann werden Sie erfolgreich sein in der Arbeit an sich selbst (Abb. 8). Übrigens, nur dann! Der Trick ist, das Arbeiten an sich selbst auf diese Weise attraktiver zu machen als das Arbeiten an anderen. Nur wer so mit sich selbst umgeht, hat eine echte Chance, erfolgreich an sich zu arbeiten. Erst wenn die Arbeit an sich selbst attraktiver ist als die Arbeit an anderen, wird man die Arbeit an sich selbst vorziehen. Wer für sich selbst keine Geduld aufbringt, wird kaum Geduld für andere aufbringen. Sie können nur nach außen geben, was Sie im eigenen Inneren für sich selbst entwickelt haben.

Wer sich selbst nicht mag, den mögen oft auch die anderen nicht. Und – welchen Grund sollte jemand, der sich selbst nicht mag, haben, andere zu mögen? Daraus ergibt sich die *12. Forderung an neue Formen der Zusammenarbeit*: sich selbst so anzunehmen, wie man nun mal ist. Es besteht tatsächlich ein Kausalzusammenhang zwischen Selbstakzeptanz und Fremdakzeptanz. Oder anders ausgedrückt, je mehr Sie sich selbst akzeptieren, um so besser gelingt es Ihnen, andere zu akzeptieren.

Also üben wir erst mal den pfleglichen Umgang mit uns selbst. Dann entwickeln wir all die Eigenschaften in uns selbst, die wir im Umgang mit anderen so dringend benötigen. Das geht natürlich nicht von heute auf morgen. Eine Tendenzwende aber können wir sofort einleiten. Auch hier beginnt die Änderung des Verhaltens mit einer Änderung der Haltung, der Einstellung zu sich selbst.

Abbildung 8:
Nur wer so mit sich selbst umgeht, hat eine echte Chance, erfolgreich an sich zu arbeiten. Erst wenn die Arbeit an sich selbst attraktiver ist als die Arbeit an anderen, wird man die Arbeit an sich selbst vorziehen.

Die Jagd nach Liebe und Anerkennung

Von Kindesbeinen an sind wir auf der Jagd nach Liebe und Anerkennung. Die Mehrheit der westlichen Zivilisationen erzeugt Anerkennungsdefizite bei ihren Bürgern. Diese Defizite können durch Ruhm, Macht, Geld, Schönheit oder Einfluß nicht kompensiert werden.

»Und liebst du mich nicht, dann kauf ich dich halt.« Reichtum! »Und liebst du mich nicht, dann beherrsche ich dich halt.« Macht! »Und liebst du mich nicht, dann bezaubere ich dich halt.« Ruhm! Schönheit!

Diese Aussagen sollen zeigen, daß viele unserer Wünsche und Sehnsüchte nur kleine Brüder und Schwestern unserer Grundsehnsucht nach Liebe und Anerkennung sind. Ein Anerkennen der materiellen Werte, die man geschaffen hat, reicht dabei aber nicht aus. Die Person will anerkannt sein.

Auch Führen durch wirkliche, nicht durch Schein-Anerkennung, kann gelernt werden. Die beste Form von Anerkennung, die ein Mensch erleben kann, ist, einfach als der angenommen, »anerkannt« zu sein, der er ist. Das ist nicht immer leicht, aber möglich!

Die bloße Anerkennung der Leistung genügt wirklich nicht. Die Person will die Anerkennung, unabhängig von der Leistung. Unser gesamtes Erziehungssystem, von der Schule bis ins Berufsleben, ist aber hauptsächlich auf dem »Leistungsprinzip«, und damit auf der Anerkennung der Leistung aufgebaut. Das ist der Grund, warum wir alle meist ein Leben lang versuchen, durch herausragende Leistungen Anerkennung zu finden. Irgendwie fühlen wir uns, und sind es tatsächlich, ständig herausgefordert oder getrieben, immer noch mehr Leistung zu bringen. Selbst wer es schafft, bei diesem kräftezehrenden Wettbewerb ständig vorne zu sein, erlebt früher oder später trotzdem ein Anerkennungsdefizit. Der Anerkennung von Leistung fehlt einfach die Wärme, die

Nähe, das Persönliche. Anerkennung von Leistung fühlt sich an wie Macht; Anerkennung der Person fühlt sich an wie Liebe. Aber auch mit der Liebe ist das so eine Sache.

Die meisten Menschen kennen nur Liebe, die an Bedingungen geknüpft ist: »Ich liebe dich, wenn du gute Noten hast«, »Ich liebe dich, wenn du tust, was ich von dir verlange«, »Ich liebe dich, wenn du erfolgreich bist«, »Ich liebe dich, wenn du schön bist, wenn du jung bist« usw.

Jeder könnte diese Reihe aus seiner individuellen Erfahrung ohne weiteres fortsetzen. Bedingungslose Liebe dagegen hört sich so an: »Ich liebe dich, auch wenn du anders denkst als ich«, »Ich liebe dich, auch wenn du gefallen bist«, »Ich liebe dich, auch wenn du aggressiv oder verängstigt bist«, »Ich liebe dich, einfach, weil ich dich liebe.«

Und wer will das nicht haben? Aber wer kann das schon geben? Genau darin liegt das Dilemma. Liebe geben kann man lernen. Es setzt voraus, daß man für sich selbst Liebe hat. Anerkennung ist wie Liebe. Auch Anerkennung kann man nur geben, wenn man sich selbst anerkennt. Und auch nur in dem Maße, in dem man sie bekommt.

Persönliche Anerkennung zu geben heißt, auf der Geberseite zu stehen. Und auf der Geberseite zu stehen, ist allemal nobler, als ständig etwas zu benötigen.

Kapitel 8

Die zwölf Forderungen an neue Formen der Zusammenarbeit

1. Stellen Sie Vertrauen über Kontrolle. Sie fördern dadurch Selbstverantwortung, Selbststeuerung, Selbstoptimierung.
2. Fördern Sie Mut zu Veränderungen. Unterstützen Sie Veränderungsbereitschaft, um Altes loszulassen und Neues zu riskieren.
3. Beobachten und analysieren Sie die wechselnden Dynamiken in den Veränderungsprozessen, und beginnen Sie auf diese Weise, dynamische Prozesse zu steuern, zu navigieren.
4. Fördern Sie gegenseitige Akzeptanz. Warten Sie nicht darauf, daß der andere sich ändert.
5. Machen Sie das Unternehmen oder die Personengruppe, in der Sie arbeiten, zur Heimat.
6. Lernen Sie, Anerkennung zu geben und anzunehmen. Gestalten Sie Motivation als reflektiven Prozeß auf der Basis von persönlicher Anerkennung.
7. Begreifen Sie das Anders-Sein des anderen als positive Qualität.
8. Akzeptieren Sie, daß Eigenständigkeit und Individualität in einem natürlichen Gegensatz zu Wir-Gefühl und Zusammengehörigkeit stehen.

9. Nehmen Sie Auseinandersetzungen an und führen Sie sie bewußt offen, konkret und direkt. Werden Sie ein Auseinandersetzungs-Profi.
10. Handeln Sie auf der Grundlage von Werten, die Sie mit allen Betroffenen gemeinsam erarbeitet haben. Hängen Sie die Trauben aber nicht zu hoch.
11. Nehmen Sie Ihre Emotionen wahr, lassen Sie Ihre Emotionen zu, auch negative, und schaffen Sie damit die Voraussetzung, Emotionen zu handhaben.
12. Seien Sie Ihr bester Freund. Akzeptieren Sie sich so, wie Sie sind. Das ist die Voraussetzung, um andere zu akzeptieren.

Die vier Quellen permanenter Mißverständnisse

1. Die Differenz zwischen dem, was gesagt, gemeint und verstanden wurde.
2. Die Auseinandersetzung zwischen »Bewahrern« und »Erneuerern« (zwischen »Veränderungsgegnern« und »Veränderungsliebhabern«).
3. Die Auffassung, Selbststeuerung, Selbstorganisation und Selbstverantwortung »könnten« zu Autoritätsverlust führen.
4. Die Auffassung, permanente Verbesserung bedeute, mehr leisten zu müssen, als man in der Lage ist, zu leisten.

Teil II

Management und Menschenführung

Kapitel 9

Warum so viele Veränderungsprozesse scheitern

Management-Systeme

Unsere europäische Art von individualistischem Wettbewerb läßt sich auf eine einfache Formel bringen: »Meins ist besser.« Dieses »Meins ist besser«, was natürlich bedeutet »Deins ist schlechter«, führt nicht selten zum Versuch, sich gegenseitig zu übertrumpfen. So mag erklärlich sein, warum wir so viele verschiedene Namen und Bezeichnungen für neue Management-Systeme brauchen, die letztlich doch, so hoffe ich zumindest, das gleiche wollen. Ob TQM, Lean Production bzw. Lean Management, virtuelles Unternehmen, Fraktale Fabrik, Business Process Reengineering, Poka Yoke, Kaizen, Kaban, Benchmarking, Best Practices oder was es sonst noch alles gibt: Diese neuen Management-Systeme wollen starre, nur schwer dynamisierbare Strukturen in flexible oder virtuelle Strukturen überführen. Und die Menschen dafür gewinnen mitzutun. »Intelligente« Strukturen sollen entstehen mit der Fähigkeit, sich aus sich selbst heraus der permanent verändernden Wirklichkeit ebenso permanent anzupassen. Der Prozeßcharakter ist das grundlegende Neue daran. Keine Struktur, keine Organisation ist endgültig, sondern permanent im Wandel. Daran müssen wir uns gewöhnen.

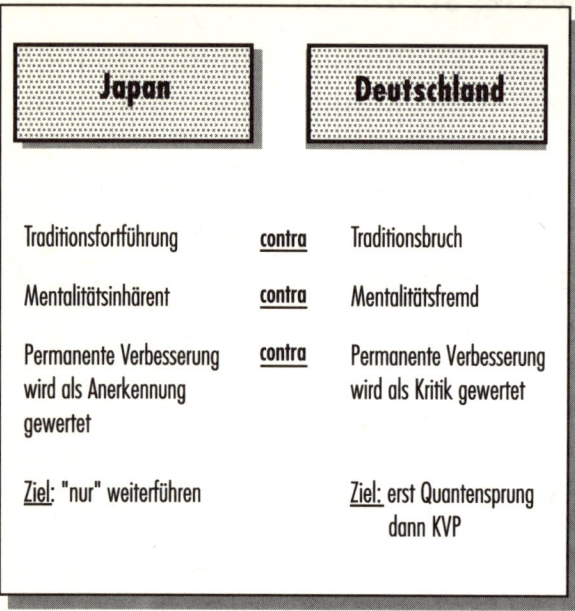

Abbildung 9:
Die Vorstellung eines permanenten Wandels ist Grundlage der neuen Management-Systeme. Für östliche Kulturen bedeutet dies eine Fortsetzung ihrer hergebrachten Denkweise. Für westliche Kulturen bedeutet dies ein vollständiges Umdenken.

Auch der sogenannte »kontinuierliche Verbesserungsprozeß« (KVP) oder japanisch »Kaizen« lebt von der Annahme eines permanenten Wandels. Etwas ständig zu verbessern oder ständig etwas zu verbessern, führt zu keinem endlichen Ergebnis, zu keinem Abschluß. Und genau dies ist das Problem, das wir Europäer mit dem KVP haben (Abb. 9). Wir wollen das Maximale, wir streben immer nach dem Optimum im Ergebnis, im Produkt, im »Ziel«. Wir wollen und können den Quantensprung. Und wir wollen irgendwann ankommen und nicht ständig auf dem Wege sein. Die asiatischen Kulturen sehen das genau andersherum: Der Weg ist das Ziel. Ich nehme an, Sie haben das schon oft genug gehört. Die »Schwäche« der asiatischen Kulturen ist, sie mögen den Quantensprung nicht. Genau da liegt die Chance, übrigens für beide, KVP und Quantensprung zu kombinieren. Für Europäer gilt: Bitte erst den Quantensprung.

Die Unsicherheiten, die permanenter Wandel mit sich bringt, sind es, die vielen Menschen Angst machen. Permanenter Wandel wird deshalb häufig negativ bewertet: »Da muß man um seinen Arbeitsplatz fürchten«, »Da kann man sich auf nichts verlassen«. »Da kann man sich nie mehr zurücklehnen nach dem Motto: »Jetzt ist es aber geschafft«, »Da wird nie mehr etwas fertig«. »Da wird mehr von mir gefordert, als ich leisten kann«. Wohlgemerkt: »kann«, nicht »will«.

»Kaizen« bzw. permanente Verbesserung bedeutet für viele, mehr leisten zu müssen, als sie glauben, leisten zu können. »Ich leiste jetzt schon 100 Prozent, wie soll ich künftig 120 Prozent leisten?«

Dies ist die *vierte große Quelle permanenter Mißverständnisse*. In einer Gruppe, die gelernt hat, Gruppe zu sein, ohne das Individuum unnötig einzuschränken, in einer Gruppe mit natürlich gewachsenem Wir-Gefühl werden die Anforderungen an den einzelnen keineswegs zunehmen. Im Gegenteil,

Eigendynamik von Veränderungsprozessen

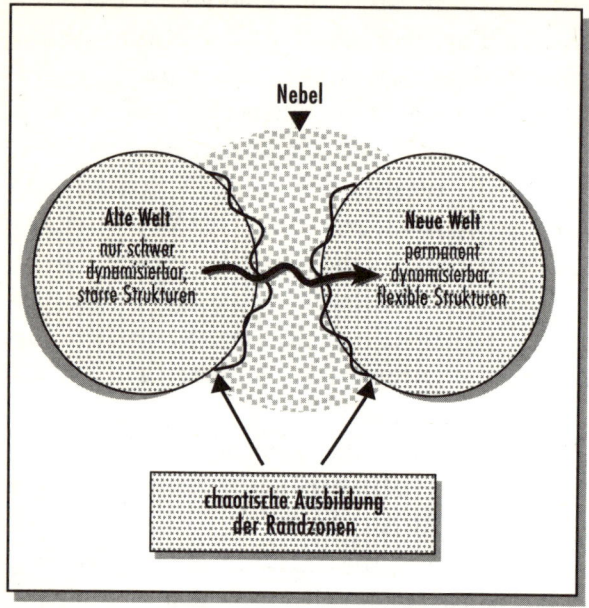

Abbildung 10:
Hochrechnungen der Zukunft auf Basis von Fakten der Gegenwart sind meistens falsch. Wer von etwas Altem, Bekannten in etwas Neues, Unbekanntes hinüberwechselt, wird eine Zone mehr oder weniger dichten Nebels durchqueren müssen. Dazu braucht es Mut, Unternehmungsgeist und Vertrauen in sein Umfeld. Wer dabei behauptet, er könne alles klar vor sich sehen, befindet sich sehr wahrscheinlich noch immer in der alten Welt. Angst, Unsicherheit und eingeschränktes Unterscheidungsvermögen sind normale Begleiterscheinungen allen Wandels.

die psychischen Belastungen – und die sind es, die uns wahrhaft schwächen – nehmen drastisch ab.

Wer von etwas Bekanntem (alte Welt) in etwas Unbekanntes (neue Welt) vorstoßen will, muß mit Sichtbehinderung, mit Nebel rechnen. Wer behauptet, den Weg vor sich ganz klar zu sehen, befindet sich mit großer Wahrscheinlichkeit noch in der alten Welt. Das Tückische an Systemübergängen ist, daß sowohl das alte als auch das neue »System« chaotische Ränder ausbilden (Abb. 10). Wem bewußt ist, daß dies systeminhärente Gesetzmäßigkeiten sind, dem wird es leichter fallen, die Geduld und den Mut aufzubringen, die damit verbundenen Herausforderungen anzunehmen. Diskutieren Sie das mit Ihren Mitarbeitern oder Ihren Chefs: Offen, konkret und direkt. Die meisten KVPs scheitern daran, daß die Ängste, die Unsicherheiten, die Sorgen der Betroffenen nicht bearbeitet, oft sogar nicht einmal ernst genommen werden.

Wenn Sie *vor* Ihren Struktur- und Organisations-Änderungsprozeß einen *Human-Prozeß*, einen wirklichen *Kulturprozeß* schalten, in dem die Menschen lernen, mit ihren Ängsten, Sorgen, Problemen und auch miteinander umzugehen, dann wird Ihr KVP aus sich selbst heraus dynamisiert und permanent motiviert sein. Dann brauchen Sie sich mit nichts Geringerem als Begeisterung zufriedenzugeben. Sie entscheiden, wie Ihr KVP verläuft. Hart oder weich. Mit den Menschen oder gegen die Menschen.

Die fraktalen Prinzipien nach Prof. Warnecke

Von allen Management-Systemen, die wir untersuchen konnten, ist eines unseren eigenen Prinzipien am nächsten: Die *Fraktale Fabrik* bzw. die fraktalen Prinzipien nach Prof. Hans-Jürgen Warnecke, dem Präsidenten der Fraunhofer Ge-

Prozeßhaftes Vorgehen mit den Menschen als Mittelpunkt

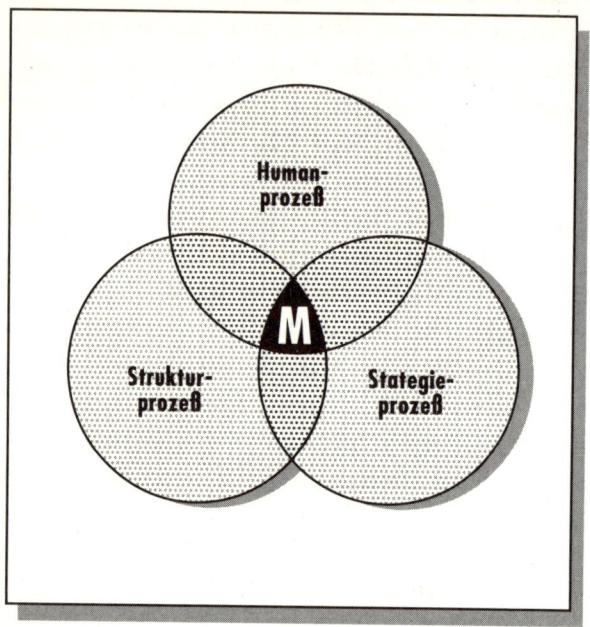

Abbildung 11:
Wandel war schon immer prozeßhaft. Das Neue am derzeit beobachtbaren, strukturellen Wandel ist seine Permanenz. Dieser globale Wandel wird weit in die Zukunft hinein kaum noch »Ruhephasen« zulassen. Was wir also lernen müssen, ist die Steuerung von Prozessen. »Navigieren« wird wichtiger als Planen im gewohnten linearen Sinne. Drei Prozesse sind dabei ständig in Bewegung und werden ebenso permanent miteinander abgestimmt und aufeinander Einfluß nehmen:
1. Der Human-Prozeß
2. Der Struktur-Prozeß
3. Der Strategie-Prozeß

sellschaft. Dieses Modell berücksichtigt das, was ich als Grundlagen erfolgreicher Zusammenarbeit in veränderten Strukturen beschrieben habe.* Im Modell der fraktalen Fabrik wird ein Unternehmen in sechs klar unterscheidbare Ebenen eingeteilt. Dieses Modell hat den Vorteil, daß die Kulturebene auf Platz 1 postuliert wird. In der gelebten Praxis der Unternehmen schafft dieser Stellenwert erstmalig die Voraussetzung für eine »Revolution in der Unternehmens-Kultur«. Ich will mich in diesem Buch auf eine subjektive Interpretation dieses Ebenen-Modelles aus der »Kultursicht« und aus der »psycho-sozialen Sicht« beschränken.

Das Sechs-Ebenen Modell

Die Kulturebene: Solange die Kulturebene nicht bearbeitet ist, solange man im Unternehmen keine klaren, möglichst lebbaren Aussagen über Werte, Klima, Ziele, Spielregeln usw. machen kann, solange im Unternehmen ein Mißtrauensklima oder ein Klima der Angst und der Unsicherheit vorherrscht, so lange hat es wenig Sinn, Strategien, für was auch immer, zu verabschieden oder zu versuchen, diese durchzusetzen.

Die Kulturebene kompetent zu bearbeiten, ist in den meisten Unternehmen nach wie vor unüblich. »Psychologenkram, laßt uns erst mal das Wichtige tun, um die Kultur kümmern wir uns später.« Das bedeutet in Wirklichkeit, um die Kultur kümmern wir uns nie. Man geht den harten Weg. Wer Strukturen ändern will, braucht aber die Bereitschaft der Menschen dafür. Und ohne kompetente Bearbeitung der Kulturebene wird er sie entweder gar nicht oder nur scheinbar bekommen.

---

* Prof. Warnecke hat das Modell in zwei Büchern ausführlich beschrieben: *Die Fraktale Fabrik* und *Revolution der Unternehmenskultur*.

Die Unternehmensebenen nach Prof. Warnecke

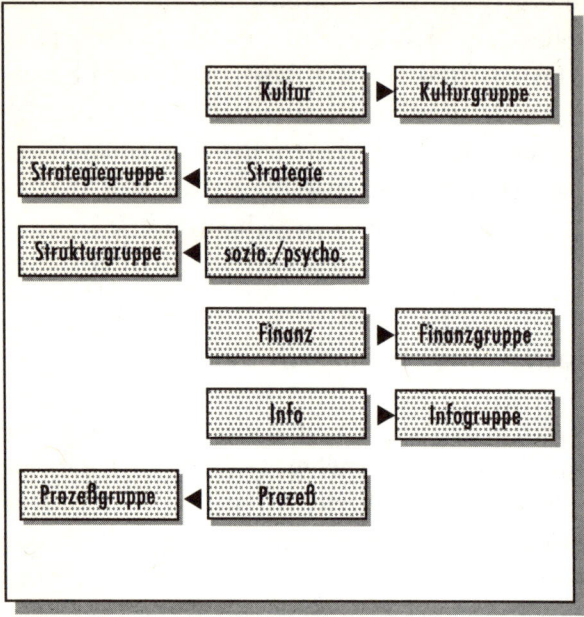

Abbildung 12:
Nur auf der Basis einer gemeinsamen Kultur kann ein emotionaler Konsens erzeugt werden, als tragfähige Basis für einen rationalen Konsens. Strategien auf rein rationaler Basis werden in der Umsetzungsphase sehr vielschichtig interpretiert und dabei oft zerredet. Wenn die Mitarbeiter gelernt haben, wie Unternehmer zu denken, fällt Kostensenken leicht, und Information wird nicht wie eine Waffe gehandhabt, sondern wie ein Werkzeug. Im gemeinsamen Umwandlungsprozeß können spezielle Gruppen aus dem »Mainstream« nach Bedarf ausgegliedert werden, z. B. Strukturgruppen, Infogruppen, Kulturgruppen usw.

Die Strategieebene: Strategien werden erst dann voll durchsetzungsfähig, wenn sie neben dem notwendigen rationalen Konsens auf einem nicht minder notwendigen emotionalen Konsens aufbauen. Erinnern Sie sich an Ihre Kindheit und Jugend, eine »Bande«, eine »Clique« brauchte in der Regel nur einen emotionalen Konsens. Man wollte in erster Linie zusammensein, zusammengehören. Ein rationaler Konsens war unwichtig, wenn man überhaupt wußte, was das ist.

Später im Geschäftsleben war das plötzlich umgekehrt. Ein emotionaler Konsens war nicht mehr gefragt. Jetzt wissen Sie, warum so viele Protokolle das Papier nicht wert sind, auf dem sie geschrieben wurden. Ein rationaler Konsens, und sei er noch so eindeutig formuliert, ist immer weitaus interpretationsfähiger und -bedürftiger als ein emotionaler. Jetzt wissen Sie auch, warum es beinahe normal ist, daß die Individuen einer Gruppe, obwohl sie sich alle auf dasselbe Schriftstück berufen, sei es Strategiepapier, Unternehmensleitsätze, Protokolle, Aktennotizen oder heilige Bücher, zu unterschiedlichen Interpretationen neigen.

Erst auf der Basis eines emotionalen Konsenses wird ein rationaler Konsens tragfähig. Fehlinterpretationen beschränken sich dann auf ein Minimum oder, anders ausgedrückt, je tiefer der emotionale Konsens einer Gruppe reicht, desto stärker wird ihre Effizienz.

Warum tun wir eigentlich immer so, als ob wir das nicht ganz genau wüßten? Und was hindert uns eigentlich daran, einen emotionalen Konsens auf der Basis gegenseitiger Akzeptanz in einem angstfreien Klima oder zumindest in einem »geschützten Raum« herzustellen?

Die soziopsychologische Ebene: Die soziopsychologische Ebene, die Ebene der Gruppen- oder Teambildung, fällt uns mit einem starken emotionalen Konsens »im Bauch«, quasi als »Abfallprodukt« ohne großes Zutun, wie von selbst zu.

Angstfreiheit und Eigenverantwortlichkeit, die Schlüssel zu echter transparenter Fehlerquellenanalyse, wächst im gleichen Maße wie der emotionale Konsens stärker wird. Der nicht immer einfache Weg von der Mißtrauenskultur zur Vertrauenskultur zahlt sich, je länger er beschritten wird, desto stärker aus. Der zweite Wind für Ihren KVP bläst aus dieser Richtung.

Die Finanzebene: Erst wenn sich die meisten Ihrer Mitarbeiter auf der Basis gegenseitiger Akzeptanz in einem angstfreien, föderativen Klima unternehmerisches Denken zu eigen gemacht haben, werden Sie Ihre Kosten wirklich entscheidend senken. Bisher gilt: »Brauche ich als Etatverantwortlicher 5 Millionen Jahresetat, verlange ich 7; bekomme ich 5,5, habe ich im letzten Quartal noch eine halbe Million, die ich natürlich auf den Kopf haue, damit ich im nächsten Jahr auf keinen Fall weniger bekomme«.

Es kann schon passieren, daß Sie alleine dadurch bis zu 30 Prozent Kosten sparen, weil plötzlich eine völlig andere »Etatforderungsmentalität« vorherrscht. Ohne daß Sie Leute entlassen oder irgendwelche Strukturen, Organisationen oder Abläufe geändert haben. Wie viele Jahre reden wir nun schon über unternehmerisches Denken? Was hat uns eigentlich daran gehindert, echtes selbstverantwortliches, unternehmerisches Denken, zumindest bei unseren leitenden Mitarbeitern, wachsen zu lassen?

Die Informationsebene: Ganz ähnlich wird Ihr Erlebnis auf der Informationsebene ausfallen. Waren es bisher »EDV-Magier«, die Ihnen eine Anlage verkauft haben, die ein Vielfaches größer und teurer war als wirklich nötig, immer mit dem Versprechen, in einem Jahr würde alles laufen, sind es jetzt Ihre Mitarbeiter, die Ihnen oder dem »EDV-Magier« ein sehr präzises Briefing geben, welche Informationen sie wann und in welchem Umfang tatsächlich benötigen. Dies bedeutet zweierlei: Erstens, die »großen Kisten« werden ersetzt durch Netzwerke auf PC-Basis, was eine Kostensenkung von bis zu 30 Prozent bewirkt; und zweitens, Ihre Mitarbeiter und Sie selbst werden nicht mehr, wie bisher, mit völlig unnötigen Informationen zugeschüttet. Dies führt in der Praxis zu einem Rückgang der Informationsmenge um bis zu 80 Prozent. Niemals wieder wird Ihnen ein wohlmeinender Kollege ein Blatt Papier, auf dem Ihr Namenskürzel prangt, unter die Nase halten können, mit der netten Bemerkung: »Mußt du doch wissen, hast du doch selbst abgezeichnet«.

Endlich sind Sie und Ihre Mitarbeiter dialogfähig. Sie brauchen kein schlechtes Gewissen mehr zu haben, weil Ihnen die Zeit fehlt, die Informationsflut aufzunehmen. Ein Leben ohne Aktennotizen. Na, wie wäre das?

Die Prozeßebene: Über die Prozeßebene, die Ebene der Arbeitsabläufe, ist schon viel Kluges geschrieben worden. Was die fraktalen Prinzipien besonders hervorhebt, ist, daß erfahrungsgemäß in ganz erstaunlich kurzen Zeiträumen tiefgreifende Verbesserungen auf der Basis von Selbstverantwortung, Selbststeuerung und Selbstorganisation möglich werden. Wer die fraktalen Prinzipien konsequent anwendet, wird damit das gesamte kreative Potential einer Gruppe voll und ganz zum Einsatz bringen. Bisher nutzen wir unser Human-Potential normalerweise nicht mal zur Hälfte.

Wenn wir, meine Kollegen und ich, auf der Prozeßebene mit unserer Kulturarbeit angekommen sind, erleben wir immer wieder, daß die Veränderungsbereitschaft der Mitarbeiter weitaus höher ist, als man »oben« gemeinhin annimmt. Was die Menschen verunsichert und verärgert, ist die Tatsache, daß sie selten in den kreativen Teil der Veränderungen einbezogen werden. Nach wie vor wird über ihre Köpfe hinweg entschieden. Das geschieht nicht einmal aus Böswilligkeit, sondern einfach, weil man den Mitarbeitern nicht zutraut, daß ihre aktive Mitarbeit an der Veränderung hilfreich sein könnte.

Wir lassen das kreative Potential unserer Mitarbeiter meist ungenutzt. Auch das ist Verschwendung.

Kapitel 10

Welchen Chef würden Sie sich wünschen?

Kaum eine Führungskraft hat Führen wirklich gelernt. Ein Phänomen. Jeder versucht es irgendwie auf seine Weise. Vielleicht mit Charme, mit Fachkompetenz oder durch Zuträger, die er sich hält, um »besser informiert« zu sein. Vielleicht auch mit Kumpanei, Aggressivität, Schmeichelei oder Arroganz. Vielleicht »kraft seiner Persönlichkeit« oder vielleicht ganz einfach autoritär.

Wir brauchen zweifellos Autorität zum Führen. Aber wir brauchen natürliche Autorität und nicht jene Autorität durch autoritäres Verhalten. Natürliche Autorität zieht uns an. Autoritäres Verhalten stößt uns ab. Was immer wir anstellen, meist geht es doch einfach darum, sich mit seiner Sichtweise irgendwie durchzusetzen, dabei Stärke zu zeigen und das Gesicht zu wahren.

Gleichzeitig wollen wir aber die Anerkennung unserer Mitarbeiter und, wenn möglich, auch ihr Herz. »Meine Leute gehen für mich durchs Feuer«, wer wünscht sich das nicht. Die Frage ist nur, wie Sie Ihre »Leute« dazu bekommen, für Sie durchs Feuer zu gehen. Zwischenfrage: Sind Sie eigentlich bereit, für Ihre Leute durchs Feuer zu gehen?

Lassen Sie uns herausfinden, ob es einen gangbaren Weg zwischen Utopie und Wirklichkeit gibt.

Hohe Erwartungen

Nun, welchen Chef wünschen Sie sich? Wenn Sie das herausgefunden haben, wissen Sie, warum Führen so schwierig ist, oder besser, warum wir Führen so schwierig machen. Wir stellen einfach viel zu hohe Ansprüche an die Qualitäten von Führungskräften – Ansprüche, die niemand erfüllen kann.

Zu unseren »Kulturprozessen«, die wir mit den Führungsteams der Unternehmen erarbeiten, gehört auch ein Workshop zum Thema »Menschenführung«. Wir leiten diesen Workshop meist mit einem Brainstorming ein. Die Frage lautet: »Welche Eigenschaften erwarten wir von Führungskräften?« So etwa sieht ein Flipchart nach diesem Brainstorming aus (Abb. 13).

In der Regel werden zwischen 30 und 50 Eigenschaften genannt, bis die Gruppe erkennt, was hier eigentlich geschieht. Wie viele Menschen wird es wohl auf diesem Planeten geben, die all diese Eigenschaften auf sich vereinen können? Das müßte eine brisante Mischung sein, etwa aus Albert Schweitzer, Gandhi, Schwarzenegger, Einstein und Jesus Christus, oder so ähnlich.

Die drei wichtigsten Eigenschaften einer Führungskraft

Nach dem Brainstorming hat die Gruppe die Aufgabe, aus den genannten 30 bis 50 Eigenschaften maximal drei herauszuarbeiten, die für eine Führungskraft unabdingbar sind. Meistens einigt man sich auf *Offenheit*, *Berechenbarkeit* und *Glaubwürdigkeit*.

Für die Verhaltensforschung war es immer schon wichtig herauszufinden, ob Führen überhaupt erlernbar ist oder ob

Welche Eigenschaften erwarten wir von Führungskräften

Durchsetzungsvermögen	Charme	Geduld
Fachkompetenz	Dynamik	Anerkennung gebend
Charakterstärke	Stehvermögen	Nachsichtigkeit
Charisma	Zugewandtheit	Autorität
Ehrlichkeit	Ansprechbarkeit	Menschlichkeit
Einfühlungsvermögen	Ehrgeiz	Soziales Verhalten
Freundlichkeit	Ordentlichkeit	Soziale Kompetenz
Hilfsbereitschaft	Gerechtigkeit	Sparsamkeit
Vorbildlichkeit	Toleranz	Großzügigkeit
Korrektheit	Entscheidungsfreudigkeit	Kaufmännisches Geschick
Kreativität	Entschlossenheit	Unternehmerisches Denken
Flexibilität	Analytik	Menschenkenntnis
Offenheit	Geradlinigkeit	Glaubwürdigkeit
Konkretheit	Unterscheidungsvermögen	Berechenbarkeit
Klarheit		

Abbildung 13:

Beim Brainstorming »Welche Eigenschaften erwarten wir von Führungskräften« bekommen wir in der Regel zwischen 30 und 50 Nennungen. Diese Eigenschaften erwarten wir sowohl von uns selbst als Führungskraft, als auch von den Menschen, die uns führen. Natürlich kann niemand all diese Forderungen erfüllen. Wenn Sie sich für drei Eigenschaften entscheiden müßten, welche wären das? Welche Eigenschaften halten Sie für unabdingbar bzw. für charakterliche Voraussetzungen? Oder anders gefragt, welche dieser Eigenschaften kann man erwerben?

die geforderten Eigenschaften nur einer sehr kleinen Gruppe kompetentes Führen ermöglichen. Wenn Offenheit der Schlüssel zu allem weiteren ist, dann ist Führen tatsächlich lehr- und lernbar. Offen zu sein ist ein Entschluß, den man auf der kognitiven Ebene durchaus fassen kann. Natürlich wird man deshalb nicht von heute auf morgen offen sein. Denn Offenheit ist immer auch ein Wagnis. Und es gibt kein Zurück. Aber jedes Stück mehr an Offenheit, das man sich leistet, führt im selben Maße zu mehr Berechenbarkeit und damit zu mehr Glaubwürdigkeit. Und nur aus Glaubwürdigkeit kann einer Führungskraft die allseits geforderte natürliche Autorität erwachsen, ohne ein »Charakterriese« sein zu müssen. Es gibt Führungskräfte, die wollen gar nicht berechenbar sein. Aber sie wollen das oft nur deshalb nicht, weil sie die wirkliche Qualität von Offenheit noch nicht verstanden oder konsequente Offenheit noch nie gewagt haben!

Natürliche Autorität

Es gibt drei einfache Regeln, die zu natürlicher Autorität führen:

Regel 1: Verzichten Sie darauf, perfekt zu sein oder so zu scheinen. Warten Sie nicht darauf, bis man Ihre Fehler oder Schwächen entdeckt, persönliche wie fachliche. Weisen Sie selbst auf Ihre Fehler hin, aber kokettieren Sie nicht damit. Lassen Sie einfach nur erkennen, wer Sie sind, wo Ihre Stärken *und* wo Ihre Schwächen liegen. Das macht Sie glaubwürdig. Das schafft diese natürliche Autorität, die wir alle lieben, von der wir alle träumen und die so wenige haben. Wer sich auf einen Sockel stellt, fordert uns im Grunde doch alle damit heraus, ihn von diesem Sockel wieder herunterzuholen. Und dies wird uns natürlich auch irgendwann gelingen. Die Zeit dazwischen ist für alle Beteiligten unangenehm, unnötig und unproduktiv. Reine Verschwendung. Nur wer nichts versteckt, bei dem gibt es auch nichts zu entdecken.

Regel 2: Bitten Sie Ihre Mitarbeiter, insbesondere bei Ihren Schwachstellen, um Unterstützung. Sie können sicher sein, daß Sie diese Unterstützung auch bekommen. Gerne sogar. Wenn Sie so handeln, werden Ihnen Ihre Mitarbeiter vieles vom Halse schaffen, was Ihnen bisher lästig war oder nur schwer von der Hand ging. Und Sie werden Ihre Mitarbeiter künftig eher danach aussuchen, ob diese das können, was Ihnen schwerfällt. Und noch eins: Leisten Sie sich den Luxus, Ihre Mitarbeiter zu mögen. Zumindest bei Neueinstellungen können Sie das realisieren.

Beim Leiter eines graphischen Ateliers, den ich vor Jahren kannte, war mir irgendwann einmal aufgefallen, daß er immer nur Graphiker einstellte, die nicht besser zeichnen konnten als er selbst. Da ich mit ihm befreundet war, habe ich ihn schließlich darauf angesprochen. Meine Frage war: »Wie willst du es schaffen, mit deinem Atelier die Nummer eins zu werden, wenn du nur Graphiker einstellst, die schlechter sind als du? Bist du nicht der Manager dieser Gruppe? Kannst du nicht erst dann sicher sein, eine Top-Mannschaft zu haben, wenn du vielleicht sogar der schlechteste Zeichner in deiner Gruppe bist?«

Das ist die zweite Regel: Kleben Sie nicht an Ihrer Fachkompetenz! Die meisten Fachgebiete oder zumindest die zukunftsträchtigen, entwickeln sich so schnell voran, daß es Ihnen sowieso kaum gelingen wird, der Beste in Ihrem Team zu sein und vor allem auf Dauer zu bleiben. Und warum sollten Sie sich überhaupt auf solch ein Wettrennen einlassen? Dieses Wettrennen ist nicht zu gewinnen. Sie sind der Manager Ihrer Gruppe. Ihre Aufgabe ist es, die Besten auszuwählen, gute

Beziehungen zwischen ihnen anzuregen, zu pflegen, ein föderatives Klima zu unterstützen, Aufgaben zu stellen, Anerkennung zu geben, strategisch vorauszudenken etc. Das ist Führen! Alles vormachen, besserwissen, selbst machen und zu kontrollieren, das ist nicht Führen. Das ist »Vorführen!« Das ist »Besserwissen«. Erst wenn Sie aufhören, ständig all Ihren Leuten hinterherzurennen und sie zu kontrollieren – »Hast du deine Arbeit gemacht? Wie hast du sie gemacht? Hast du sie so gemacht, wie ich es dir gesagt habe?«, erst wenn Sie wirklich konsequent auf Eigenverantwortung, auf Selbststeuerung und Selbstorganisation vertrauen, erst dann führen Sie wirklich. Bis dahin kontrollieren Sie nur. Nicht nur, daß Kontrolle Vertrauensbildung erschwert, Kontrolle kostet auch unglaublich viel Kraft und Zeit. Viele Führungskräfte kommen ganz einfach nicht zum Führen, weil sie bis zu 80 Prozent ihrer Zeit mit Kontrolle zubringen. Ja, ich weiß, loslassen ist schwierig. Es ist nicht immer leicht, auf Vertrauen statt Kontrolle zu setzen. Manchmal stehen einem wirklich die Haare zu Berge. Aber da müssen Sie durch. Da hilft alles nichts. Sie entscheiden, wieviel Zeit Sie künftig für echte Führungsaufgaben aufbringen. Und damit entscheiden Sie auch, wieviel Spaß Sie am Führen haben werden.

Regel 3: Die dritte Regel ist genauso einfach: Melden Sie Ihren Führungsanspruch an. Sagen Sie Ihren Leuten, daß Sie die Führung übernehmen oder übernommen haben. Nicht der »Erste unter Gleichen« oder etwas ähnliches Verschleierndes, sondern klipp und klar: »Ich bin euer Chef, ich führe euch an, das tue ich gerne und bin stolz darauf!« Dies nennt man, sich zur Führung bekennen. Es genügt nicht, daß Sie im Organigramm oben stehen oder an Ihrem Türschild und auf Ihrer Visitenkarte steht, daß Sie der Chef sind. Wir Menschen wollen sehr genau wissen, wer der Chef ist und ob er die Führung wirklich annimmt und übernimmt. Wir wollen es hören! Aus erster Hand erfahren, aus seinem Munde hören. Und wir werden trotzdem noch etliche Male, subtil oder direkt, hinterfragen, ob dieser Führungsanspruch auch aufrechterhalten bleibt oder nicht. Das kennen Sie sicherlich auch.

Kapitel 11

Anerkennung statt Kritik

Was motiviert Menschen wirklich?

Was motiviert uns Menschen eigentlich wirklich und nachhaltig? Ist es Geld? Ist es Macht, Einfluß? Die meisten Motivationsprogramme gehen jedenfalls davon aus. Ich behaupte, Geld motiviert nicht wirklich, nicht nachhaltig. Über einen kurzen Zeitraum schon, aber danach? Danach folgt einfach der Wunsch nach mehr. Je mehr Geld ich in meinem Leben verdient habe, desto mehr habe ich davon benötigt. Kennen Sie das?

Geld ist ein Faß ohne Boden. Geld belohnt auch nicht die Person, sondern die Leistung. Was ich in Kapitel 7 in einem anderen Kontext schon einmal gesagt habe, gilt auch hier: Die Person will anerkannt werden, so wie sie ist. Und erst in zweiter Linie die Leistung. Weil wir aber immer Leistung belohnen, glauben wir alle, ständig etwas Besonderes, vor allem etwas sichtbar Nach-außen-Gerichtetes, leisten zu müssen, um anerkannt zu werden. Das hat schon in der Kindheit begonnen und hält die meisten von uns ein Leben lang in Atem. Dieses »Leistungsprinzip« ist aber auf Dauer nur dann motivierend und erfolgreich, wenn die damit verbundene Anerkennung in erster Linie der Person gilt und erst in zweiter Linie der erbrachten Leistung. Anerkennung, persönliche

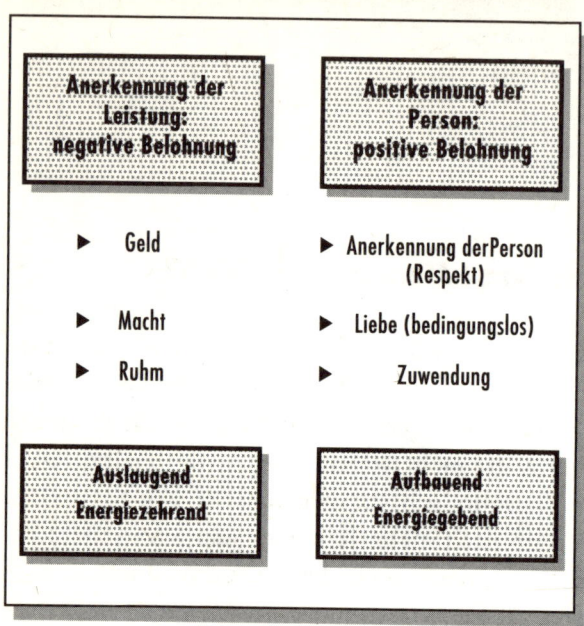

Abbildung 14:
Die Leistungsorientierung unserer westlichen Industriegesellschaft hat ihre Ursache in der Art und Weise, wie wir mit Anerkennung umgehen. Wer immer nur dann Anerkennung bekommt, wenn er Leistung bringt, entwickelt langfristig, oft trotz Erfolg im Beruf, ein Anerkennungsdefizit; Anerkennung, die zur Person fließt, kann dieses Defizit abdecken.

Anerkennung, ist also der Hauptmotivator, und nicht Geld, nicht Macht oder Einfluß (Abb. 14).

Der Weg nach oben

Auch wenn es darum geht, jemanden zu befördern, steht meistens allein die Leistung im Vordergrund: »Herr Meier, Sie sind unser bester Verkäufer, wir machen Sie zum Verkaufsleiter«, oder »Herr Müller, Sie sind unser bester Konstrukteur, wir machen Sie zu unserem Chefkonstrukteur«. Was qualifiziert eigentlich Meier oder Müller zum Führen? Diese Frage bleibt meist offen, denn nach oben »befördert« werden 90 Prozent unserer Führungskräfte wegen ihrer herausragenden Fachkompetenzen, nicht wegen ihrer sozialen Kompetenzen; die finden wir, wenn überhaupt, in der Personalabteilung.

Wie geht es weiter mit Müller oder Meier? Beide wissen plötzlich nicht mehr, wie sie sich ihren bisherigen Kollegen, oft auch ihren Freunden, gegenüber verhalten sollen. Denn jetzt wird von ihnen verlangt, Vorbild und Respektperson zu sein. Quasi über Nacht. Ohne Üben, ohne Übergangszeit. Einfach so.

Ob das »Du« noch geht? Ob die kumpelhaften Beziehungen noch möglich sind? Meier und Müller verändern sich. Leider nicht zu ihrem Vorteil. »Mit denen kann man kaum noch reden«, sagen die Kollegen bald. Und der Chef meint: »Müller, wir haben Sie befördert, weil wir etwas Besonderes von Ihnen erwarten«. Oder, anders ausgedrückt, der Chef erwartet nicht, daß Meier (bleiben wir bei Meier) seine bisherige Leistung fortsetzt – obwohl er aufgrund dieser Leistung befördert wurde –, sondern er erwartet, daß er diese Leistung noch beträchtlich steigert.

Meier spürt, wie er das Vertrauen seiner Mitarbeiter, sei

ner Kollegen von einst, mehr und mehr verliert. Der Chef bemerkt das natürlich: »Meier, die Zusammenarbeit zwischen Ihnen und Ihren Mitarbeitern klappt nicht mehr so richtig, die Leistung Ihrer Abteilung ist zurückgegangen. Was ist los mit Ihnen?« Meier versucht, mit zusätzlichem Zeiteinsatz aufzuholen. Immer häufiger sieht man bis spät in die Nacht Licht in seinem Büro. Und dies hat keineswegs positive Folgen.

Neuer Druck kommt hinzu, von ganz unerwarteter Seite. Die Familie beklagt sich: »Papa, du hast kaum noch Zeit für uns«. Bei Meiers Beförderung waren zwar alle sehr stolz auf Papa, insbesondere Meiers Frau, aber jetzt sieht das doch ein wenig anders aus. Kennen Sie das? Dann wissen Sie auch, wie es weitergeht. Beißt er sich durch? Beißt er sich nicht durch? In beiden Fällen lassen wir alle auf dem Weg nach oben Federn, auf die eine oder andere Weise.

Muß das wirklich so sein? Warum unterstützen wir diejenigen, die wir herausheben wollen, in dieser alles entscheidenden Phase eigentlich nicht? Es sind doch unsere Leistungsträger von morgen.

Was Macht mit Menschen macht

Aus welchem Holz jemand wirklich ist, kann man eigentlich erst dann richtig erkennen, wenn man ihm Macht gibt. Was macht er mit der Macht? Und was macht die Macht mit ihm? »Mami, Papi, jetzt bin ich ganz oben, liebt Ihr mich jetzt?«, »Aus dir soll mal was werden«, »Ich möchte stolz auf dich sein.« »Du sollst es mal besser haben als wir.« Was immer Ihre Triebfeder sein mag, mächtig zu sein oder zu werden, wem immer Sie etwas beweisen müssen oder mußten, sich selbst oder irgendeiner Einflußperson Ihrer Kindheit, Sie sind

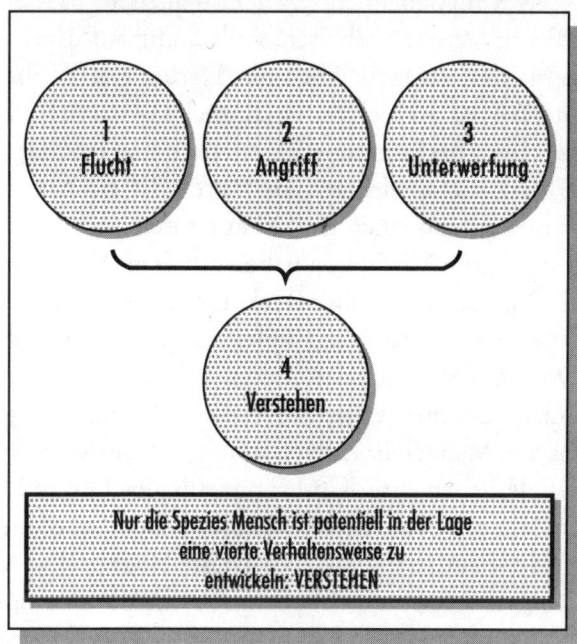

Abbildung 15
In den meisten Streßsituationen reagieren wir mit Flucht, Angriff oder Unterwerfung. Und doch ist die Spezies Mensch durchaus in der Lage, mit Verstehen zu reagieren. Voraussetzung ist allerdings, Situationen mit der Brille des anderen zu betrachten. Daraus entsteht Mitgefühl. Und das sollten wir uns leisten.

jetzt erwachsen. Sie entscheiden über Ihr Wertesystem und niemand sonst. Die Triebfedern der Kindheit sind im Erwachsenenleben in den meisten Fällen nichts mehr wert. Die meisten Menschen behandeln sich selbst ein Leben lang so, wie sie selbst als Kind behandelt wurden. Wollen Sie das? Sie können an diesen Mustern arbeiten, vollständig auflösen werden sie diese Muster wahrscheinlich nie. Darum geht es aber auch gar nicht. Werden Sie sich dieser Tatsache bewußt, und lassen Sie diese »fremdbestimmten« Triebfedern konsequent los. Sie dienen Ihnen nicht wirklich, sie halten Sie einfach nur auf Trab. So bringt man einen Esel zum Laufen.

Viele der heute Mächtigen haben auf dem Weg nach oben, auf dem Weg zur Macht, ihre Beziehungen verloren. Freunde vielleicht »nur« aus Niveaugründen, sie paßten einfach nicht mehr. Oder aus Vertrauensgründen: »Woher soll ich wissen, ob der mich oder meine Position meint?« Den Lebenspartner vielleicht aus Mangel an Zuwendung – auf beiden Seiten übrigens. Viele haben ihre Kinder nur aus der Distanz heranwachsen sehen, bedauern dies heute, haben Schuldgefühle. Für viele der heutigen Mächtigen ist die Macht selbst als einziger Energiequell übriggeblieben. Anerkennung – unser aller gesunder und natürlicher Hauptenergiequell – trocknet auf dem Weg zur Macht paradoxerweise immer mehr aus. Nicht mal die Anerkennung der Leistung überlebt den Weg zur Macht. Im Gegenteil, je höher einer steigt, desto mehr wird er unter Beschuß genommen, desto mehr wird an seiner Leistung und im fortgeschrittenen Maße auch immer mehr an seiner Person herumkritisiert, ob zu Recht oder zu Unrecht. Beides tut weh. Also noch einmal: Was motiviert Sie eigentlich wirklich? Geht es um Anerkennung und um Liebe? Ich weiß, spätestens an dieser Stelle töne ich wie Pater Leppich. Erinnern Sie sich?

Aber es ist so. Geld, Schönheit, Ruhm, Macht, Erfolg – dies alles sind Versuche, mehr oder weniger taugliche, um An-

Kritik contra Anerkennung

Kritik

- zur Sache
- in der Intimität
- emotional neutral
- mit Alternativen
- Aufforderung zur Steigerung

Anerkennung

- zur Person
- in der Öffentlichkeit
- emotional bezogen
- <u>ohne</u> Alternativen
- <u>keine</u> Aufforderung zur Steigerung

Kritik schafft Distanz, Anerkennung schafft Nähe

Abbildung 16:
Wir können immer wählen, ob wir unsere Aufmerksamkeit auf die positiven oder auf die negativen Seiten des Mitarbeiters, Kollegen, Chefs oder einfach Mitmenschen legen. Kritik tut fast immer weh, auch wenn sie berechtigt ist. Und ganz besonders, wenn sie von einer lieben oder gar geliebten Person kommt. Kritik schafft Distanz, Anerkennung schafft Nähe.

erkennung zu bekommen. Und Anerkennung potenziert, das ist Liebe. Es gibt ein altes Gesetz, auf dem Geben und Nehmen basiert: »Zuerst geben«. Es wird noch schlimmer. Denn eigentlich lautet es: »Erst geben und nichts zurückwollen«. Und dann, irgendwann, kommt es zurück, oft um ein vielfaches verstärkt. Wie alles, was wir aussenden. Gutes wie Schlechtes.

Die negativen Wirkungen von Kritik

Anerkennung ist wichtiger als Kritik. Anerkennung macht groß, Kritik macht klein. Anerkennung tut gut, Kritik tut weh. Anerkennung schafft Nähe, Kritik schafft Distanz. Anerkennung bringt Energie, Kritik kostet Energie.

Nichts motiviert nachhaltiger und intensiver als Anerkennung, die der Person gilt. So einfach ist das. Aber kaum eine Führungskraft kann mit Anerkennung und Kritik richtig umgehen (Abb. 16). Sie kennen alle das Mitarbeitergespräch, das mit »Meyer, ich finde Sie ja gut« beginnt und dann mit irgendeinem »Aber« fortgesetzt wird. Genauso haben wir das auch gelernt. Bevor wir jemanden kritisieren, müssen wir ihn erst mal loben. So warten wir meistens schon gespannt auf das »Aber«, wenn jemand ein Gespräch mit »Lob« beginnt.

Kritik geht meistens zur Person und Anerkennung zur Sache. Umgekehrt wäre es richtig. Es gibt zwei einfache Regeln für den Umgang mit Kritik und Anerkennung: Erstens, Anerkennung zur Person und Kritik zur Sache. Und zweitens, Anerkennung öffentlich aussprechen, Kritik in der Intimität. Auch die sogenannte »konstruktive Kritik« tut weh. Und je näher mir derjenige steht, der mich kritisiert, um so schlimmer. Und wenn er oder sie dann auch noch recht hat – ganz schlimm! Kennen Sie das?

Menschenführung

Abbildung 17:
Führen, vorzugsweise mit und durch Anerkennung, wird sich als Führungsgrundsatz durchsetzen. Führen mit Druck wird leider noch immer praktiziert. Führen mit Druck führt zu einem Klima der Angst und des Mißtrauens.

Natürlich, Kritik muß sein. Den Umgang damit kann man lernen. In einem Klima der gegenseitigen Akzeptanz wird Kritik eigentlich erst effektiv. Erst ein angstfreies Klima schafft den Rahmen, um Kritik sportiv, gutartig, vertrauensvoll und mit Respekt vorzutragen oder anzunehmen. Das ist Kritik im geschützten Raum. Wenn wir Auseinandersetzungs-Profis werden wollen, müssen wir lernen, mit Kritik sorgsam, eher sparsam und mit Anerkennung verschwenderisch umzugehen. Aber nicht heucheln! Denken Sie an gute Freundschaften, da funktioniert es doch auch. Oder?

Teil III
Übungen

Kapitel 12

Meditation contra Kontemplation

Am Anfang dieses Buches habe ich von den grundlegend verschiedenen Weltanschauungen der östlichen und der westlichen Hemisphäre dieses Planeten gesprochen. Auch die Art, »nach innen« zu schauen, ist in der gleichen Weise unterschiedlich. Die östliche Hemisphäre pflegt die *Meditation*, die westliche Hemisphäre nutzt traditionell die *Kontemplation*. Die Meditation ist eine eher passive Innenschau. Der Meditierende will nichts Konkretes, sucht nichts. Das Ziel ist ganz allgemein, die Gedanken zum Schweigen zu bringen, und innerer Frieden, und, sehr wenigen vorbehalten, irgendwann einmal die Erleuchtung. Was auch immer das für den Einzelnen auch sein mag.

Meditation kann im negativen Fall zu Passivität führen, insbesondere wenn sie ohne kompetente Anleitung geübt wird. Im positiven Fall bekommt der Meditierende eine starke innere Ruhe und Kraft. Kontemplation entspricht eher der westlichen Mentalität: »Contemplare« bedeutet »über etwas nachsinnen«. Die Gedanken frei assoziativ und dennoch zielgerichtet um ein vorher gewähltes Thema kreisen lassen. Das Gebet zum Beispiel ist eine alte Form der Kontemplation. Der Kontemplierende will einer bestimmten Sache auf den Grund gehen. Vielleicht Lösungen für ein Problem finden, tiefere Einsichten über einen ausgewählten Zusammenhang gewinnen oder aktiv, positiv auf seinen derzeitigen psychischen Zustand einwirken. Kontemplation in Form von mentaler Aufrüstung kann im negativen Fall dazu führen, seine Umwelt »egobetont« zu manipulieren, wie einige machtorientierte Mentaltrainigungsmethoden zeigen. Im positiven Fall wird der Kontemplierende sein schier unerschöpfliches, kreatives Potential erschließen lernen. Viele westliche Menschen, die sich heute mit Meditation beschäftigen, werden dies, allein schon wegen ihrer westlichen Erziehung und Denkstrukturen, sowieso eher kontemplativ tun. Wir wollen uns deshalb bevorzugt mit kontemplativen Techniken beschäftigen.

Sie müssen also nicht erst Asiate oder Buddhist werden, damit Sie in den Genuß wirksamer Methoden kommen, um auf sich selbst positiv Einfluß zu nehmen. Besinnen Sie sich einfach auf das, was Sie schon als Kind, wahrscheinlich sehr erfolgreich, getan haben. Und das wollen wir jetzt gemeinsam ergründen.

Daß wir Menschen so verschieden sind, hat, wie so vieles, Vor- und Nachteile. Der wichtigste Vorteil ist sicherlich das nahezu unerschöpfliche Reservoir an Kreativität, die Vielfalt der Blickpunkte im »Kollektiven Unbewußten«. Dieses kreative Potential kann von jedem Individuum durch relativ einfache Methoden zu jeder Zeit genutzt werden.

Der wichtigste Nachteil dieser Unterschiedlichkeit ist natürlich, daß nicht jedem das gleiche hilft. Deshalb werden im folgenden einige Beispiele unterschiedlicher Übungsarten vorgestellt:

1. Körperbetonte Übungen für eher sportive Menschen.
2. Autosuggestive Übungen für Menschen mit ausgeprägtem Willen.
3. Imaginative Übungen für Menschen mit Vorstellungskraft.

Eines haben alle Übungen gemeinsam. Es sind aktive, selbstbestimmte Methoden. Hilfe kommt durch Sie selbst. Aus eigener Kraft. Aus Ihrem eigenen Potential und nicht von außen durch andere.

Imaginations- und autosuggestive Methoden sind beide im Grunde kontemplative Methoden und dadurch miteinander verwandt. Auch in diesem Bereich streitet man gerne über Begriffe. Falls Sie mit meinen Definitionen nicht einverstanden sind, wird Sie das kaum davon abhalten können, die eine oder andere Übung dennoch auszuprobieren. Recht hat, was hilft. Richtig?

Kapitel 13
Imaginationsübungen

Viele der angebotenen Methoden könnte man auch unter dem Begriff »Imagination« zusammenfassen. Imaginationsmethoden arbeiten mit der Phantasie, mit der Vorstellungskraft und sind damit kontemplativ. Als Kinder haben bestimmt viele von uns negative Erlebnisse mit positiven Phantasien kompensiert. Dies können Sie auch im Erwachsenenalter tun. Dagegen ist nichts einzuwenden, im Gegenteil.

Imagination, Vorstellungskraft, Phantasie ist tatsächlich eine gewaltige Kraft. Viele Erfinder, gerade auch berühmte, berichteten davon, daß ihnen die Grundstruktur ihrer späteren Erfindungen häufig in ihrer Phantasie in Bildern oder auch im Traum erschienen ist.

Alles was an Meinung, Doxa, an Vorstellung, an Bildern in Ihnen steckt, wirkt dort. Positiv oder negativ. Selbst die Schulmedizin geht heute davon aus, daß Krankheit in den überwiegenden Fällen psychosomatische Ursachen hat. In manchen Gesellschaftskreisen gilt es als unbedingt notwendig, sich täglich mit allem Negativen dieser Welt auseinanderzusetzen, um etwas ändern zu können. Was tatsächlich passiert, ist, daß all diese negativen Bilder in uns eindringen und dort weiterleben. Und von hier aus werden diese Bilder entsprechend wirksam: Negative Bilder wirken negativ und positive Bilder wirken positiv. So einfach ist das. Was nützt es, wenn Sie all den Schmerz dieser Welt und all das Unrecht ständig in sich hineinschaufeln? Ihnen geht es dadurch eher schlechter und der Welt deswegen keineswegs besser. Im Gegenteil, Negatives gewinnt an Kraft, wenn unsere Befürchtungen dazukommen. Lassen Sie mich das an einem Beispiel veranschaulichen.

Sicherlich ist es keine große Schwierigkeit für Sie, auf einem Randstein zu laufen, ohne herunterzufallen. Mit etwas Übung sollte es gelingen. Nun legen wir diesen Randstein aber in 100 Meter Höhe wie einen Balken über eine Schlucht. Jetzt versuchen Sie es noch einmal. Wahrscheinlich werden Sie abstürzen. Aber nicht, weil Sie plötzlich nicht mehr die Balance auf einem Randstein halten können, sondern weil die Befürchtung dazukommt zu stürzen.

In der Tat lassen uns Befürchtungen häufiger »stürzen« als die Fakten der Realität. Und aus welchem Stoff sind eigentlich Befürchtungen? Es ist der gleiche Stoff, aus dem auch die Phantasie geschaffen wird. Es ist Imagination. Jetzt wissen Sie, welche Kraft Imagination tatsächlich hat. Sie entscheiden, welche »Bilder« Sie in sich hineinlassen. Und Sie entscheiden, worauf Sie Ihre Aufmerksamkeit richten, auf Ihre Befürchtungen oder auf Ihr kreatives Potential? Auf Ihren Mut, auf Ihren Unternehmungsgeist? Worauf Sie Ihre Aufmerksamkeit auch richten, es wird darauf Kurs nehmen. So entwickeln Sie Vertrauen in die Kraft Ihrer Imagination, Vertrauen in sich selbst.

Übung 1:
Negative Bilder durch positive Bilder ersetzen

Der Grundgedanke dieser Übung ist, daß negative Bilder, die sich zu energiezehrenden Befürchtungen auswachsen können, auf die gleiche Weise aus uns herausbefördert werden können, wie sie in uns hineingekommen sind: Durch Vorstellung, durch Imagination, durch Kontemplation.

Variante 1: Lassen Sie vor dem Einschlafen oder vor dem Zubettgehen den ganzen Tag in Ihrer Imagination an sich vorbeiziehen. Die negativen Ereignisse lassen Sie einfach links liegen. Konzentrieren Sie sich ausschließlich auf schöne, aufbauende Tagesereignisse oder Momente.

Diese einfache Übung hat zwei positive Wirkungen: Erstens, Sie schlafen mit angenehmen Gedanken und Gefühlen ein. Das läßt Sie leichter einschlafen und ermöglicht Ihnen einen erholsamen Schlaf. Zweitens, Ihre Aufmerksamkeit wird jeden Tag mehr auf die Tatsache gelenkt, daß es an *jedem* Tag eben auch positive Ereignisse gibt. Dies sensibilisiert Sie zunehmend für die positiven Aspekte des Lebens. Sie werden vielleicht auch etwas dankbarer. Dankbarkeit tut übrigens gut. Dankbarkeit ist aufbauend. Dankbarkeit ist ein Energiequell. Machen Sie diese Übung täglich 15 bis 20 Minuten, etwa zwei Monate lang, und dann gehen Sie, wenn Sie wollen, zu Variante 2 über.

Variante 2: Für Fortgeschrittene. Vor dem Einschlafen oder Zubettgehen führen Sie zunächst die Übung aus wie in Variante 1: Sie imaginieren die positiven Augenblicke des Tages. Jetzt gehen Sie den ganzen Tag rückwärts, von der Gegenwart bis an den Anfang des Tages, durch. Diesmal lassen Sie die negativen Ereignisse aber nicht links liegen wie bei Variante 1, sondern Sie bearbeiten *eines* dieser Ereignisse positiv. Suchen Sie am Anfang nur solche Ereignisse aus, die Ihnen »bearbeitbar« erscheinen, und konzentrieren Sie sich auf *ein* Ereignis. Hatte dieses Ereignis in der Realität einen negativen Ausgang, so imaginieren Sie jetzt einen positiven. Bauen Sie das Ereignis in Ihrer Phantasie einfach so um, daß es positiv endet. Verzichten Sie dabei aber auf jede Form der Rache oder Vergeltung. Es kommt auch nicht darauf an, daß Sie aus jeder Situation als Sieger hervorgehen. Versuchen Sie beim »Um-Imaginieren«, dieses Ereignis zu verstehen. Versuchen Sie, die Personen, die dabei mitgewirkt haben, zu verstehen. Und versuchen Sie auch, Ihre eigenen Reaktionen während der Situation zu verstehen. Und weil es so schön war, setzen Sie jetzt noch eins drauf: Sie verzeihen allen, die Sie verletzt haben. Und, falls *Sie* andere verletzt haben, verzeihen Sie auch sich selbst. Ja, das ist erlaubt, man darf sich selbst verzeihen! Diese etwas schwierige Übung hat zwei positive Wirkungen: Einmal lassen Sie nichts mehr »anbrennen«, Sie bearbeiten negative Tagesereignisse noch am selben Tag. Und Sie geben Schuldgefühlen keine Chance. Zum anderen lernen Sie mehr über sich selbst und Ihr Umfeld, als Sie durch eine »rationale« Verstandesanalyse lernen würden. Sie steigern so Ihre Einsichtsfähigkeit und Ihr Urteilsvermögen. Sie lassen sich künftig von negativen Situationen nicht mehr so stark beeinflussen oder gar täuschen. Warum dieser enorme Lerneffekt? Da Sie nicht logisch-analytisch bewertend, sondern bildhaft-imaginativ betrachtend an die Situation herangehen, gelingt es Ihnen, die Ereignisse in ihrer Gesamtheit zu »sehen«. Mit allen ihren Gefühlsaspekten, Zwischentönen und Schattierungen.

Übung 2: Bearbeiten von Problemen

Das Dumme bei der Problembearbeitung ist, daß man häufig den Wald vor lauter Bäumen nicht sieht. Man bräuchte also etwas Abstand. Genau den hat man aber nicht, man steckt ja gerade mittendrin! Außerdem versucht man gerne, Problemen auszuweichen oder weigert sich, wirklich mal genau hinzuschauen. Die Vogel-Strauß-Methode ist nach wie vor sehr beliebt. Wir schauen erst hin, wenn die Uhr fünf vor zwölf zeigt oder noch später. Wenn wir dann endlich hinschauen, haben wir kaum noch Zeit und noch weniger die Nerven, dies in Ruhe und mit Distanz zu tun: Wir sehen wieder mal den Wald vor lauter Bäumen nicht. Und so geht das weiter.

Wir suchen also nach einer Vorstellung, nach einer Imagination, die es uns einerseits ermöglicht, rechtzeitig intensiv genug hinzuschauen und andererseits so viel Distanz herzustellen, daß wir dieses Hinschauen mit möglichst wenig Angst tun können.

Übung: Stellen Sie sich vor, Sie sitzen im Theater. Wenn Sie viel Angst haben, in Reihe 60; wenn Sie sehr mutig sind, in Reihe 1.

Sie bestimmen das Problem, das Sie bearbeiten wollen – bitte immer nur eines – und stellen es auf die Bühne. Ihr Verstand wird jetzt eine Flut von Bildern abfeuern. Sie sind jetzt in der Lage, »hinzuschauen« und gleichzeitig »Distanz« zu halten. Genau dies war die Forderung an diese Übung.

Betrachten Sie die Bilder, lassen Sie die Bilder aber ziehen. Nicht auf die Bühne rennen und mitmischen! Sitzenbleiben und hinschauen! Mehr will Ihr Unbewußtes nicht. Es will, daß Sie nur mal richtig hinschauen. Ohne zu bewerten, ohne nach Lösungen zu suchen. Einfach nur hinschauen. So lange, bis die Bilderflut verebbt. Das kann 15 Minuten dauern. Was soll's, besser 15 Minuten Angst oder Unbehagen als ein Magengeschwür oder Schlimmeres.

Kapitel 14
Autosuggestive Übungen

Autogenes Training ist vielleicht die bekannteste Form autogsuggestiver Techniken. Autosuggestiv auf sich einwirken bedeutet, man suggeriert sich selbst etwas. Etwas, das man selbst gewählt hat. Werbung suggeriert uns auch etwas. Aber keineswegs Selbstgewähltes. Was kann man sich selbst suggerieren? Im Grunde eigentlich alles: Erfolg, Gesundheit, ja sogar gutes Aussehen. Haben Sie sich vorm Einschlafen schon mal fest vorgenommen, am nächsten Morgen zu einer bestimmten Zeit aufzuwachen? Und hat es geklappt? Das war autosuggestiv. Es war ein autosuggestiver Befehl, den Sie sich selbst gegeben haben, ein »Postulat«.

Übung 3: Aktives Träumen

Viele Menschen glauben, nicht zu träumen. Das ist definitiv falsch. Jeder Mensch träumt jede Nacht. Die einen erinnern sich daran, die anderen nicht. Das ist der Unterschied. Aus der Traumforschung wissen wir, daß in Träumen vieles aufgearbeitet wird, was im Wachbewußtsein nicht aufgearbeitet werden kann oder konnte. Dieses Aufarbeiten kann unbewußt bleiben, das ist okay. Oder Sie können lernen, aktiv in dieses Geschehen einzugreifen. Das ist noch besser.

Aktives Träumen ist einfach: Der erste Schritt ist, daß Sie sich Ihrer Träume bewußt werden, daß Sie sich an Ihre Träume erinnern. Bevor Sie einschlafen, geben Sie sich selbst einen autosuggestiven Befehl. Dieses Postulat muß eindeutig formuliert sein, kein Entweder/Oder, keine Hintertürchen. Ihr Postulat zum Beispiel lautet: »Sobald ich eingeschlafen bin, träume ich, und sobald ich geträumt habe, wache ich auf und erinnere mich an den Traum.« Sie werden lernen, dieses Postulat für Ihre Bedürfnisse zu verfeinern. Aber das hat Zeit. Nun kann es sein, daß Sie schon in der ersten Nacht mit einem Erinnerungsfetzen aufwachen oder sogar mit einem kompletten Traum im Kopf. Es kann aber auch ein paar Monate dauern. Sie brauchen Geduld mit sich. Irgendwann wird es funktionieren. Üben Sie keinerlei Druck auf sich aus.

Was tun Sie, wenn Sie eines Nachts mit einer Traumerinnerung aufwachen? Geben Sie der Erinnerung keine Chance, sich gleich wieder davonzumachen. Sie setzen sich also nicht erst im Bett auf, Sie machen nicht erst das Licht an, sondern Sie tasten nach Ihrem Recorder und sprechen sofort alles ins Mikro, was Ihnen durch den Kopf streift. Auch jeden Unsinn. Nur Mut! Möglicherweise werden Sie am nächsten Morgen Ihr eigenes Gemurmel nicht verstehen. Macht nichts. Hauptsache, Ihr Unbewußtes hat ein Signal bekommen, daß Sie bereit sind, mit ihm zusammenzuarbeiten. Je intensiver und regelmäßiger Sie Ihre Träume aufzeichnen, desto häufiger, intensiver und klarer werden Sie träumen. Am besten, Sie führen von Anfang an ein Traumtagebuch, in das Sie alles eintragen und aufzeichnen, was Sie gesehen und empfunden haben. Von Traumbildern, die sich schwer beschreiben lassen, ist es oft einfacher, Zeichnungen zu machen, die Sie mit Kommentaren versehen können. Kommentieren Sie, aber deuten Sie nicht. Jedenfalls nicht gleich. Und lassen Sie auch nicht deuten. Früher oder später werden Sie Ihr eigener Traumdeuter.

Sammeln Sie zunächst so viele Traumerfahrungen wie möglich. Mit der Zeit werden Sie einen »roten Faden« erkennen, der sich wie eine Leitlinie durch Ihre Träume zieht. Wenn Sie diesem Faden folgen, werden Sie viel über sich selbst und Ihre Beziehungen in Erfahrung bringen. Und die Arbeit mit sich selbst und an sich selbst wird Stück für Stück attraktiver als die Arbeit an anderen.

Übung 4: Die individuelle Audiokassette

Sie haben vielleicht schon von »Subliminal-Kassetten« gehört. Auf diesen Audiokassetten sind positive Postulate unter der Hörschwelle so in die Musik eingewoben, daß die bewußte Wahrnehmung diese tatsächlich nicht hören kann. Aber das Unbewußte hört alles. Außerdem ist der Text zwei- bis dreifach beschleunigt. Das Unbewußte hat genau diese zwei- bzw. dreifach schnellere Wahrnehmung als das Wachbewußtsein. Subliminal-Kassetten sind ein Weg, Botschaften am »Zensor« vorbei direkt ins Unbewußte zu schmuggeln. Von dort aus sollen sie dann ihre positive Wirkung entfalten.

Gefällt Ihnen das? Mir nicht! Wo bleibt die Aktion, die eigene Leistung? Wieder sind wir nur Konsumenten. Und wie kann man sicher sein, daß wirklich der Text suggeriert wird, der auf der Kassettenhülle abgedruckt ist? Autark, selbstbestimmt und aktiv wollen wir sein. Und dies bedeutet, wir machen uns selbst Suggestiv-Kassetten. Auch das ist einfach.

Denken Sie sich fünf bis sieben Postulate aus, mit denen Sie sich positiv beeinflussen wollen. Hier ein paar Beispiele: »Ich nehme mich an, so wie ich bin«, »Ich akzeptiere meine Mitmenschen so, wie sie sind«, »Ich verzeihe mir alles Unrecht, das ich getan habe«, »Ich verzeihe meinen Mitmenschen alles Unrecht, das sie mir oder anderen angetan haben«, »Ich gebe mir und anderen meinen guten Willen«. Natürlich können Sie sich diese Postulate für den Anfang entleihen. Später kreieren Sie Ihre Postulate aber unbedingt selbst!

Postulate sind in der Gegenwartsform abgefaßt und immer offen, konkret und direkt. Die Postulatformulierung »Ich *werde* mir und meinen Mitmenschen guten Willen schenken« verzögert möglicherweise die Umsetzung. Das »werde« ist die Hintertür, durch die sich das Postulat verdrücken könnte. Dieses »werde« verschiebt die Postulaterfüllung möglicherweise in eine imaginäre Zukunft. Denn »werde« heißt ja »wird sein«, also auch »ist jetzt nicht«. Das wäre übrigens wieder mal typisch für uns Westeuropäer, den Erfolg in die Zukunft zu verlagern. Das beginnt schon in der Kindheit: »Wenn ich groß bin, dann ...«, »Wenn ich mit der Schule fertig bin, dann ...«, »Wenn ich Karriere gemacht habe, dann ...«, »Und wenn die Kinder erst mal groß sind, dann ...« Dann? Dann sind wir alt und sonst nichts. Wer zwischen sich und seinen Erfolg ständig Bedingungen setzt und aufbaut, hat seinen Weg schon gewählt. Die Erfüllung *muß* in der Zukunft liegen: »*Jetzt* darf das Leben noch nicht richtig stattfinden, dazu ist *jetzt* noch keine Zeit, später ...«. Kennen Sie das?

Zurück zu unserer eigenen Autosuggestions-Kassette. Sprechen Sie Ihre Postulate selbst auf Kassette. Hören Sie auf den Klang Ihrer Stimme. Gefällt sie Ihnen nicht? Ich verstehe. Wiederholen Sie die Aufnahme so lange, bis Ihnen der Klang Ihrer Stimme gefällt. Es wird passieren, verlassen Sie sich darauf. Sie können die fünf oder sieben Postulate mehrmals hintereinander sprechen, oder jedes Postulat dreimal nacheinander und dann erst das nächste. Sie wissen ja, wiederholen ist das Zauberwort beim Lernen. Langweilig, aber wahr. Diese Kassette sollten Sie ohne Mithörer hören. Also am besten mit Kopfhörer oder wenn Sie allein im Auto unterwegs sind. Und, wenn möglich, beim Hören synchron mitsprechen.

Kapitel 15

Sportive Übungen

Viele Menschen arbeiten gerne mit Körpereinsatz und haben dabei positive, innere Erlebnisse. Jogger berichten davon, Leistungssportler kennen das, und sogar die »Muskelmänner« sprechen von einer intensiven Begegnung mit sich selbst beim Eisenstemmen. Das geht von einfacher Gartenarbeit bis hin zu den Extremleistungen, beispielsweise eines Reinhold Messner, der dabei ganz offensichtlich Erfahrungen mit sich selbst macht, die ebenso extrem sind wie die Leistungen, die er sich abfordert. Nun, so weit müssen wir »normalen« Menschen natürlich nicht gehen.

Jeder psychischen Anspannung oder Anstrengung sollte eigentlich zum Ausgleich eine adäquate, körperliche Anstrengung entgegengestellt werden. Das hieße natürlich nach einem psychisch auslaugenden Tag: Nicht vor die Glotze, nicht zwei, drei Drinks, nicht aufs Kanapee, sondern raus in den Wald oder in den Garten, rauf aufs Fahrrad oder rein ins Fitneß-Studio. Eine psychische Anspannung körperlich nicht abzureagieren ist ungefähr so, als würden Sie an einem eiskalten Wintertag den Motor Ihres Sportcoupés anwerfen, im Leerlauf mehrmals auf Höchsttouren drehen, bis die Ventile klingeln und dann einfach wieder abschalten. Wie lange wird der Motor das wohl aushalten? Wie lange werden Sie das aushalten?

Wenn man beobachtet, was bei psychischer Anspannung mit dem Körper, im Körper passiert, wird man feststellen, daß nicht nur der Blutdruck in Sekundenschnelle auf Extremwerte ansteigt, sondern auch der gesamte Muskelapparat, wie zum Sprung, angespannt ist. Die Evolution hat das so eingerichtet. Das bedeutet: »Fertig zum Sprung«. Egal ob in Richtung Flucht oder Angriff. Beobachten Sie während Ihrer nächsten Sitzung, Aufsichtsratskonferenz, Präsentation, Mitarbeiterbesprechung oder einfach bei Ihrem nächsten Jour fixe, einmal ganz unauffällig die Anspannung bei allen Beteiligten und bei sich selbst. Blutdruck bzw. Gesichtsrötung, Schweißbildung, Muskelanspannung, auch an der starren Mimik gut ablesbar, obwohl wir uns doch in der Regel redlich Mühe geben, uns nichts anmerken zu lassen. Und beobachten Sie weiter, wie wir damit umgehen. Nur nicht anmerken lassen, hatten wir schon. Aber noch schlimmer: Auch darüber reden ist verpönt, man spricht nicht über seine Gefühle, über seine Anspannung, Angst oder Unsicherheit. Das muß man als smarter Business-Guy im Griff haben! Im Griff hat das niemand. Wirklich niemand! Nur im Verbergen, Unterdrücken und Überspielen sind wir unterschiedlich talentiert.

Übung 5: Kraftatmen

Diese Atemtechnik ist sehr einfach und dient dazu, physisch und psychisch Energie zu tanken oder sich zu entspannen.
Zuerst atmen Sie einmal *aus*. Dann atmen Sie langsam und tief über das Zwerchfell ein. Jetzt halten Sie die Luft so lange an, wie Sie können, ohne sich anzustrengen. Dann langsam wieder ausatmen. Ganz ausatmen. Jetzt halten Sie den Atem wieder an. Wieder nur so lange Sie können, ohne sich anzu-

strengen. Danach wieder langsam einatmen. Wieder anhalten. Wieder langsam ausatmen. Anhalten. Und so weiter.

Dieses Wechselspiel von Ein- und Ausatmen mit Anhalten im Umkehrpunkt wiederholen Sie 15 mal. Dann machen Sie ca. 30 Sekunden Pause. Dann wieder 15 mal. Wieder Pause. Und nochmals 15 mal. Vergessen Sie nicht, mit dem Zwerchfell zu atmen. Ruhig den Bauch dabei kräftig herauswölben.

Diese und ähnliche Atemübungen werden zum Beispiel auch von Hochleistungssportlern benutzt.

Teil IV
Methoden

Kapitel 16

Konzepte contra Methodik

Vieles an Methodik, was unsere Gruppe aus Soziologen, Psychologen und Wirtschaftlern in den letzten Jahren angewandt hat, wurde aus den Gruppen unserer Klientel heraus entwickelt. Diese Entwicklung hält noch immer an und wird dies voraussichtlich auch künftig tun. Die Stärke dieser Methodik liegt in ihrer Spontaneität und Dynamik. In diesem Kapitel will und kann ich deshalb nur an einigen Beispielen zeigen, wie diese Methodik funktioniert. Einmal deshalb, um die Entwicklung nicht dort »festzuschreiben«, wo sie heute steht, zum anderen aber auch, um den Überraschungsmoment, auf dem einige unserer Prozeßschritte aufbauen, genau dieses Überraschende nicht zu nehmen.

Die traditionelle Vorgehensweise führt immer zu Konzepten. Die Führungsgruppe eines Unternehmens fühlt sich aufgefordert, und ist es in den meisten Fällen auch, für den »Rest« des Unternehmens zu denken und zu planen. Der »Rest«, meist doch ein paar tausend Menschen mit jeder Menge kreativem Potential, bleibt dabei außen vor. Welche Verschwendung an kreativem Potential, an Erfahrung und Detail-Knowhow! Nehmen wir einmal an, die Führungsgruppe, in der Regel nicht mehr als 15 bis 20 Menschen aus ein oder zwei Hierarchie-Ebenen, hat tatsächlich hervorragend gearbeitet und Konzepte entwickelt, die Erfolg versprechen. Was passiert jetzt? Die Führungsgruppe wird versuchen, diese Konzepte durchzusetzen. Aber wie? Nun, sie wird diese Konzepte der nächsten Hierarchie-Ebene präsentieren. Diese Hierarchie-Ebene wiederum der nächsten. Und so weiter. Nehmen wir weiter an, daß es jeder Hierarchie-Ebene gelingt, 80 Prozent der Konzept-Inhalte »rüberzubringen«, Pessimisten reden von maximal 30 Prozent. Wieviel bleibt da nach drei, fünf, sieben oder gar zwölf Hierarchie-Ebenen eigentlich noch übrig? Jetzt wissen Sie, warum nicht nur der Werker nicht weiß, wovon Sie eigentlich reden, wenn er in der Werkszeitung liest, was Sie für ihn und das Unternehmen geplant haben. Diese Vorgehensweise des präsentierenden Einschulens von Strategien und Konzepten entlang der Hierarchie gilt übrigens bereits als fortgeschritten. In vielen Fällen ist es noch immer so, daß die Umsetzung von Konzepten, falls man diese überhaupt bekanntgibt, schlicht angeordnet wird. »Unsere Leute haben zu tun, was wir ihnen sagen.« Das ist der harte Weg!

Dynamische Vorgehensweisen führen zu Methodik. Am Anfang eines Veränderungsprozesses wird nacheinander, aber letztendlich auf allen Ebene der Hierarchie, Methodik eingeschult und nicht fertige Konzepte. Methodik, wie man gemeinsam Konzepte und Strategien erarbeitet. Und diese Methodik beantwortet zuallererst die Fragen, wie man soziale Kompetenz, Führungsautorität und gegenseitige Akzeptanz, Wir-Gefühl und Motivation erlangt. Erst dann werden die Unternehmensstrategien gemeinsam erarbeitet. Wenn Sie sich diesen »Humanvorlauf« gönnen, wird Ihr Veränderungsprozeß, Ihr KVP in einem weitgehend angstfreien Klima schneller, effizienter und mit einem Minimum an Reibungsverlusten ablaufen. Das ist der »weiche« Weg! Sie entscheiden, welchen Weg Sie mit Ihrer Gruppe gehen wollen (Abb. 18).

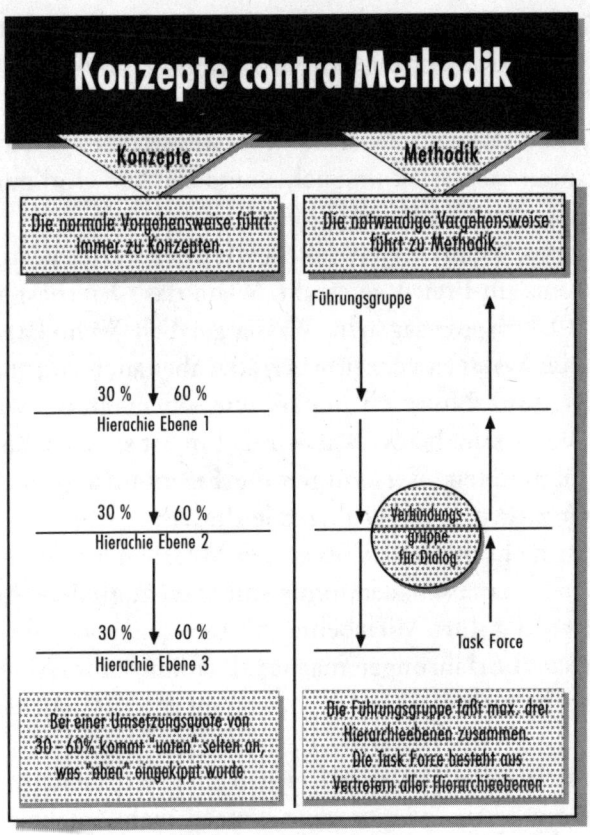

Abbildung 18:
Die bisherige Verfahrensweise führt zu Konzepten. Selbst einer kompetenten und integeren Führung wird es nur schwer gelingen, Konzepte über mehrere Hierarchieebenen unbeschadet nach »unten« zu tragen. Auch hervorragende Konzepte verlieren auf diesem Wege meist ihren Schwung. Was wir brauchen ist Methodik. Beispiel: Einer »Task Force« aus Mitarbeitern aller Fachbereiche und Hierarchieebenen und der Führungsgruppe wird gleichzeitig eine Methodik zur Hand gegeben, die alle befähigt, die benötigten Maßnahmen gemeinsam zu entwickeln und umzusetzen. So wird aus kreativer Spannung praktische Arbeit.

Die Geschichte vom Osternest. Wer soll eigentlich das Osternest finden? Die Eltern oder die Kinder? Wenn die Eltern verraten, wo das Osternest versteckt wurde, dann ist Ostern erledigt. 80 Prozent des Attraktionswertes eines Osternestes stecken mit Sicherheit im Suchen und Finden. Und nur etwa 20 Prozent im Verspeisen. Oder?

Was tun, wenn Regenwolken aufziehen? Osternester sind ja meistens im Freien versteckt. Wenn das Osternest zuregnet, ist Ostern sozusagen ins Wasser gefallen. Wenn Papa oder Mama das Versteck vorzeitig verraten aber auch. Was werden wir also tun? Nun, ich denke, wir sagen: »Kalt, wärmer, warm, heiß, ganz heiß«. Was wir da tun, ist steuern, ohne direkt einzugreifen. Wir würgen die Eigeninitiative nicht ab, aber wir zeigen auch beruhigende Präsenz.

Es ist nicht immer leicht, seinen Mitarbeitern beim »Fehlermachen« zuzuschauen, ohne sofort einzugreifen. Aber es ist notwendig. Ihre Mitarbeiter müssen, genau wie Sie selbst, ihre eigenen Erfahrungen machen. Denn nur mit *eigenen* Erfahrungen, auch den negativen, kommt man zu *eigenem* Erfolg.

Und nur in einem angstfreien Klima sind Fehlerquellenanalysen effektiv. Es gibt ganz einfach nichts mehr zu verheimlichen.

Kapitel 17
Moderations-Methodik

Moderationstechniken dienen nicht dazu, den Moderator zu promoten, obwohl es gelegentlich so aussieht, sondern das unerschlossene Potential einer Gruppe, den kreativen Schatz, den jede Gruppe bewußt oder unbewußt besitzt, zu finden und zu heben. Die Erfahrung zeigt, daß in jeder Gruppe im Grunde alles an kreativem Potential, an Know how vorhanden ist, was benötigt wird, um die anstehenden Aufgaben zu bewältigen. Sie kennen vielleicht die »Eine-Minute-Redezeit-Methode«. Oder die »moderierte Diskussion«. Beide wollen Richtiges, beide wollen den kreativen Schatz heben – aber beide tun es auf die falsche Weise.

Die Eine-Minute-Redezeit-Methode. Bei der Eine-Minute-Redezeit-Methode werden nur die »Schnellredner«, die »Raschintelligenzler« und »Charismatiker« bevorzugt. Jede Art von Redezeitlimitation will im Grunde nur dafür sorgen, daß »Laberer« und »Dominante« – auch eine Mischung aus beiden kennt man – nicht endlos reden und damit Gruppe und Thema okkupieren. Was aber tatsächlich erzeugt wird, ist Hektik, Polarisation und eine Konfrontation der Meinungen. Es gibt Menschen mit der Gabe, in kurzer Zeit in prägnanten Sätzen viel zu sagen. Redezeitlimitationen fördern natürlich ausgerechnet diese Menschen. Das führt dazu, daß gefährlich häufig deren Vorschläge angenommen werden. Es ist aber keineswegs so, daß Vorschläge mit der besten Präsentation auch die besten Inhalte haben. Fast immer aber gewinnt die bessere Präsentation. Weniger häufig gewinnen die besseren Inhalte. Ein Glücksfall also, wenn beides zusammentrifft. Wollen wir uns darauf verlassen? Nicht selten ist derjenige in der Gruppe, der etwas zu sagen hätte, derjenige, der nie zu Wort kommt. Oder es einfach nicht schafft, in einer Minute oder auch in fünf Minuten zu sagen, was er zu sagen hätte, gäbe ihm die Gruppe psychisch Raum und physisch Gelegenheit dazu.

Moderierte Diskussionen. Bei »moderierter Diskussion« liegt die Gefahr vor allem in der Polarisation. Zwei »wortgewaltigen« Vertretern konträrer Standpunkte gelingt es fast immer, eine Gruppe zu polarisieren, indem jeder der beiden eine Hälfte der Gruppe auf »seine Seite« zieht. Nein, das wollen wir auch nicht. Oder es kommt zu einem gezielten Nach-dem-Mund-Reden, natürlich in Richtung der Mächtigeren am Tisch. Es soll Chefs geben, die das sogar mögen.

Auch die unterschiedliche Tageskondition der Diskussionsteilnehmer hat einen starken Einfluß auf den Diskussionsausgang und auf die Diskussionsergebnisse. Es gibt Tage, da habe ich keinerlei Probleme damit, mich kurz, präzise, möglicherweise auch noch verständlich auszudrücken. Und es gibt Tage, da komme ich einfach nicht auf den Punkt. Bei manchen Vorträgen waren die Zuhörer begeistert. Bei anderen Vorträgen hatte ich Mühe, das Publikum am Einschlafen zu hindern. Es ist mir sogar schon gelungen, das Publikum gegen mich aufzubringen. In allen Fällen waren die Inhalte identisch. Nur ich, nur meine Tageskondition, war anders. Wenn wir also wollen, daß *jeder* Teilnehmer, ob wortgewaltig oder schüchtern, ungeachtet seiner Tageskondition alles beisteuern, alles einbringen kann, was er hat, dann brauchen wir eine Moderationsmethode, die genau dies ermöglicht.

Methode 1: Blickpunktrunden

Mit dieser Moderationsmethode wird es Ihnen gelingen, den kreativen Schatz Ihrer Gruppe tatsächlich zu heben. Die Methode ist einfach, aber sie erfordert Geduld. Die Teilnehmer sitzen kreisförmig um eine entsprechend gestellte Tafel. Der Moderator schreibt zunächst alle Namen, so wie die Teilnehmer sitzen, auf, und gibt dann das Thema bekannt, zu dem *jeder* Teilnehmer seinen Blickpunkt äußern soll.

Nun schreibt jeder Teilnehmer seinen Blickpunkt, seinen Standpunkt dazu in Stichpunkten auf ein Blatt Papier. Danach ruft der Moderator einen Teilnehmer nach dem anderen auf, seinen Blickpunkt zu äußern. Jeder Teilnehmer äußert seinen Blickpunkt, ohne dabei auf seinen Vorredner einzugehen und möglichst ohne einen anderen Teilnehmer direkt anzusprechen. Einer nach dem anderen heißt aber nicht »reihum«, sondern kreuz und quer. Die Teilnehmer reihum sprechen zu lassen beinhaltet die Gefahr, daß sich die Blickpunkte »aufaddieren« oder man sich eben doch zu seinem Vorredner äußert oder nicht mehr richtig zuhören kann, wenn man sieht, daß man gleich »dran« ist. Der Moderator kann die Runde auch fragen, wer seinen Blickpunkt zuerst äußern will. Wenn dieser Blickpunkt dargestellt wurde, wer jetzt den nächsten geben will, usw.

Ob aufgefordert oder angemeldet, in beiden Fällen hat jeder das Recht, seinen Blickpunkt *ohne* Zeitlimit zu äußern und *alles* zu sagen, was er dazu sagen möchte. Die Gruppe ist aufgefordert, so aufmerksam wie möglich zuzuhören, ohne zu unterbrechen. Nachfragen oder Hinterfragen der Blickpunkte durch die Zuhörer und/oder den Moderator kann erlaubt oder nicht erlaubt werden. Eine Blickpunktrede mit ca. 15 Teilnehmern, in der Blickpunkte nur vom Moderator hinterfragt oder nachgefragt werden, dauert etwa eineinhalb Stunden.

Eine Blickpunktrunde trainiert eine Gruppe also nicht nur in einer besonderen Form, sich vollständig auszudrücken, sondern auch in einer qualitativ und quantitativ anspruchsvollen Form zuzuhören. Durch diese Abfolge von intensivem Sprechen und intensivem Zuhören wird der Gruppe zu jedem Blickpunktthema deutlich, wie ausgeprägt die Meinungsvielfalt in der Gruppe tatsächlich ist. Selbst strittige Themen, die bereits zur Polarisation geführt hatten, sind nach einer Blickpunktrunde wieder diskussionsfähig. Auch, ob ein Thema überhaupt konsenspflichtig ist oder eben nicht, wird in einer Blickpunktrunde herausgearbeitet. Bei vielen Themen, die wir für konsenspflichtig halten, ohne das wirklich geprüft zu haben, stellt sich erfahrungsgemäß nach einer Blickpunktrunde heraus, daß es für die Gruppe oftmals wichtiger ist, die Vielfalt der Blickpunkte zu erfahren, als Konsens herzustellen. Die meisten Gruppen stellen nach einigen Blickpunktrunden erstaunt fest, daß es kaum noch Themen gibt, die im Grundsatz auch jetzt noch strittig sind. Offensichtlich wollen wir in den meisten Fällen einfach nur offen, konkret und direkt wissen, was in der Gruppe, in die wir involviert sind, eigentlich wirklich gedacht wird. Und wir wollen, daß unser Blickpunkt gehört wird (Abb. 19).

Methode 2: Kritikmoderation

Kritikrunden zu moderieren ist oft eine sehr heikle Aufgabe. Die Hauptschwierigkeit für den Moderator ist dabei, daß man von ihm Neutralität verlangt, die er aber kaum erbringen kann, da er meist selbst irgendwie, und sei es nur am Rande, in die Sache involviert ist.

Als sehr effektiv hat sich erwiesen, auf Neutralität des Moderators von vornherein zu verzichten und gerade denjeni-

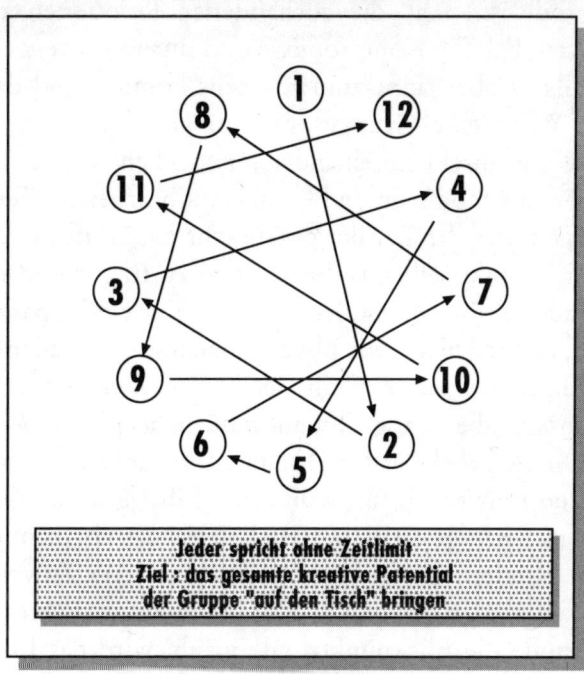

Abbildung 19:
Der Moderator gibt das Thema bekannt und achtet darauf, daß *jeder* gesprochen hat. Nicht »reihum«, sondern »kreuz und quer« wird gesprochen. Das vermeidet das Aufaddieren und Konfrontieren von Blickpunkten und verringert die Angst vorm »Dran«-Kommen.

gen zur Moderation aufzufordern, der das Kritikthema auf den Tisch gebracht hat. Kritik birgt immer ein hohes Maß an Emotionalität, an Subjektivität in sich. Versuche, dies zu objektivieren, zu versachlichen, scheitern meist daran, daß man im Grunde versucht, die vorhandenen Emotionen auszuklammern. Falsche Kompromisse und unausgegorener Konsens, falls es überhaupt zum Konsens kommt, sind das Ergebnis. Wenn eine Gruppe erst einmal gelernt hat, offen, konkret und direkt miteinander umzugehen, werden Emotionen ernst genommen und kompetent bearbeitet. Wenn Sie denjenigen, der die Kritik vorgebracht hat, auffordern, seinen Kritikpunkt selbst in die Gruppe zu tragen und diesen Punkt auch selbst zu moderieren, wird zweierlei passieren: Erstens, er wird nicht, wie üblich, abgedrängt mit allen negativen Folgen, sondern er bleibt der Akteur. Zweitens, die Moderationsaufgabe zwingt ihn auf natürliche Weise, *allen* Argumenten wirklich Aufmerksamkeit zu schenken, was er ansonsten schwerlich tun würde; und drittens, die Gruppe sieht, daß wichtige Kritikpunkte keineswegs abgeschmettert werden, sondern im Gegenteil, mit besonderer Zuwendung behandelt werden. Wenn der Kritikmoderator als Moderationsmethode die Blickpunktrunde wählt, wird das Ergebnis mit Sicherheit positiv sein. Positiv allein schon deshalb, weil die Erfahrung zeigt, daß eine Blickpunktrunde selbst bei einem Kritikthema eben nicht nur die kritischen Blickpunkte, sondern auch die befürwortenden oder ausgleichenden Blickpunkte auf den Tisch bringt.

Kapitel 18
Konfrontations-Methodik

Wenn wir Auseinandersetzungs-Profis werden wollen, wird es früher oder später nötig sein, dies zu üben. Zu lernen, Auseinandersetzungen konstruktiv zu machen, ist die Aufgabe der nachfolgenden Übungen.

Methode 3: »Spiegeln«

Wie oft sind Sie eigentlich schon gründlich mißverstanden worden? Obwohl Sie redlich bemüht waren, hat man Sie mißverstanden. Es ist ein Kreuz. Dagegen scheint kein Kraut gewachsen. Oder doch? Versuchen wir es.

Das nächste Mal, wenn Sie jemandem etwas erklären wollen oder Sie in der Gruppe mit anderen zusammensitzen, bitten Sie zwei Kollegen, Ihnen oder dem gerade vortragenden Sprecher mit besonderer Aufmerksamkeit zuzuhören. Deren Aufgabe ist es, nachdem der Sprecher geendet hat, zu sagen, was sie verstanden haben. Erst der eine, dann der andere. In aller Subjektivität. Das Verblüffende wird sein, daß jeder der beiden »Spiegler« etwas anderes verstanden und oft genug keiner von beiden das wiedergeben, »gespiegelt« hat, was der Sprecher meinte. Anders als im wirklichen Leben darf der

Sprecher nun noch einmal, möglicherweise mit anderen Worten, sagen, was er gemeint hat. Er darf nachbessern. Wenn Sie das in einer normalen Besprechung tun, unterziehen Sie sich leicht dem Vorwurf, jetzt »schnell etwas anderes« zu sagen oder »umzuschwenken« etc. Sie kennen das.

Der Sprecher wiederholt also das Gesagte, und diesmal hören zwei andere »Spiegler« zu. Das kann in Extremfällen drei bis vier »Spiegelrunden« dauern, bis der Sprecher endlich aufatmend sagt: »Ja, das habe ich gemeint« (Abb. 20). So mühsam, so schwer verständlich kann die eigene Muttersprache sein. Und dann kommt ja noch unsere menschliche Fähigkeit dazu, uns bewußt in klarer Sprache unklar auszudrücken. Viele von uns haben daraus ein Instrument entwickelt, das sie letztlich eigentlich nur vor Strafe schützen soll. Mancher Vorgesetzte formuliert seine Anweisungen so, daß er, wenn es nicht klappt, im Brustton der Überzeugung sagen kann: »So habe ich das nicht gemeint«. Oder falls es klappt, sagen kann: »Sehen Sie, ich habe es Ihnen doch gleich gesagt«. Die Präzision von Anweisungen ist ein Thema für sich. Die Spiegeltechnik wird Ihnen helfen, Anweisungen, Protokolle, Diskussionen etc. klarer zu verstehen.

Methode 4: Positiv-Negativ-Abgleich

Für alle Situationen und Aufgaben, deren Bearbeitung sowohl eine intensive Analyse des »Für« als auch des »Wider« erfordert, ist besonders die Methode des »Positiv-Negativ-Abgleichs« geeignet. Ich will dies hier am Beispiel einer Unternehmensanalyse durch die Führungsgruppe deutlich machen. Die Gruppe zählt durch: eins, zwei, eins, zwei usw. Die »Einsergruppe« wird beauftragt, eine Präsentation zu erarbeiten, die das Unternehmen in seinem allerbesten Licht zeigt. Eine

Die Spiegel-Methode

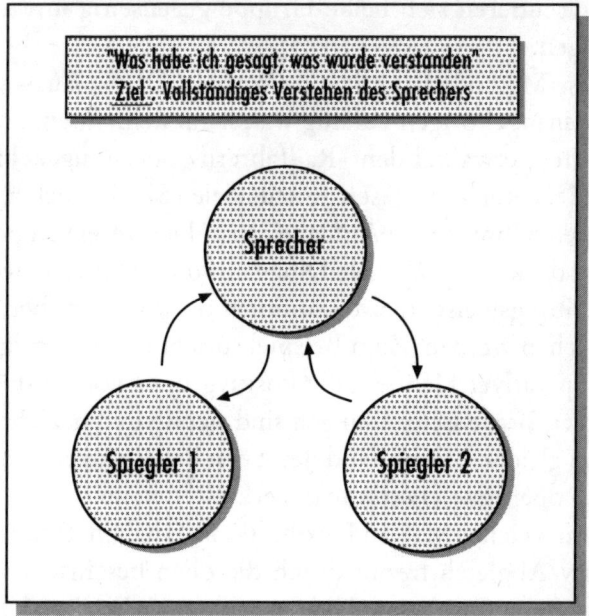

Abbildung 20:
Der Sprecher darf so lange nachbessern, bis er mit dem, was die »Spiegler« verstanden haben, einverstanden ist: »Ja, das habe ich gemeint«. Die Spiegel-Methode schafft Klarheit und Präzision in Anweisungen, Aussagen, Protokollen und Diskussionen.

Positivpräsentation. Die »Zweiergruppe« bekommt den Auftrag, eine Negativpräsentation auszuarbeiten, in der es wirklich zur Sache geht, wo nichts beschönigt wird. Jede Gruppe hat zur Ausarbeitung einen ganzen Tag Zeit. Am nächsten Tag präsentieren sich beide Gruppe gegenseitig ihre Ausarbeitungen.

Diese Methode hat folgende Vorteile: Da die Auswahl der Gruppenangehörigen zufällig war, kann keiner dem anderen vorwerfen, etwa bei den »Radfahrern« oder umgekehrt, bei den »Meckerern« gewesen zu sein. Seien Sie sich sicher, beide Gruppen nehmen ihre Aufgabe ernst. Der Vergleich positiv/negativ deckt auf, daß viele Dinge nur durch unterschiedliche Betrachtungsweise, meist emotional positiv oder eben negativ, gesehen werden. Zum Beispiel spricht die Negativgruppe von »operativer Hektik«, die Positivgruppe von »hoher Flexibilität«. Beide Beurteilungen sind richtig und beziehen sich auf den gleichen Tatbestand. Jetzt erst kann man entscheiden, wieviel operative Hektik man verkraften kann oder zulassen will, um welches Maß an Flexibilität zu erhalten. Der Positiv-Negativ-Abgleich trennt durch die oben beschriebene Vergleichbarkeit Spreu vom Weizen und ermöglicht so den Aufbau einer Problem-Hierarchie. Was Sie danach in Händen halten, ist eine Prioritätenliste, die auf einem breiten Konsens, rational wie emotional, gründet. Eine solche Prioritätenliste wird weit dynamischer abgearbeitet als eine Prioritätenliste, die in einer Ja/Nein-Diskussion erarbeitet wurde.

Wie auch im Brainstorming klassischer Art will jedes Problem von beiden Seiten betrachtet werden. Aber eben nicht gleichzeitig, sondern nacheinander. Das heißt, es gibt eine klare Ja-Phase und eine klare Nein-Phase. Beide werden nicht miteinander vermischt.

Kapitel 19
Kreativ-Methodik

Wann sind Sie eigentlich kreativ? Wenn Sie wütend oder traurig sind? Beim Nachdenken oder beim Grübeln? In der Freude oder gar im Rausch? Was ist das eigentlich für ein Bewußtseinszustand, kreativ zu sein? Ist es ein Zustand der Konzentration, des Sich-treiben-Lassens, oder irgend etwas dazwischen? Entsteht Kreativität mehr auf der rationalen oder mehr auf der emotionalen Ebene? Oder ist beides gefragt? Kreativität ist offenbar eine Art Gefühl. Man fühlt sich irgendwie lokker. Heitere Gelassenheit scheint der beste Nährboden für Kreativität zu sein. Ein Bewußtseinszustand heiterer Gelassenheit plus spielerischem Wettbewerb erzeugt ein optimales Klima, in der Gruppe kreativ zu sein. Aber wie erreicht man das?

Methode 5: Erreichen der kreativen Ebene

Alle Menschen sind potentiell kreativ. Warum dies in der Praxis anders zu sein scheint, liegt an der unterschiedlich ausgeprägten Fähigkeit der Menschen, die kreative Ebene zu erreichen (Abb. 21). Als kreative Ebene bezeichnen wir einen bestimmten Gefühlszustand, den wir erstaunlicherweise in der Gruppe leichter erreichen als in der Individualität.

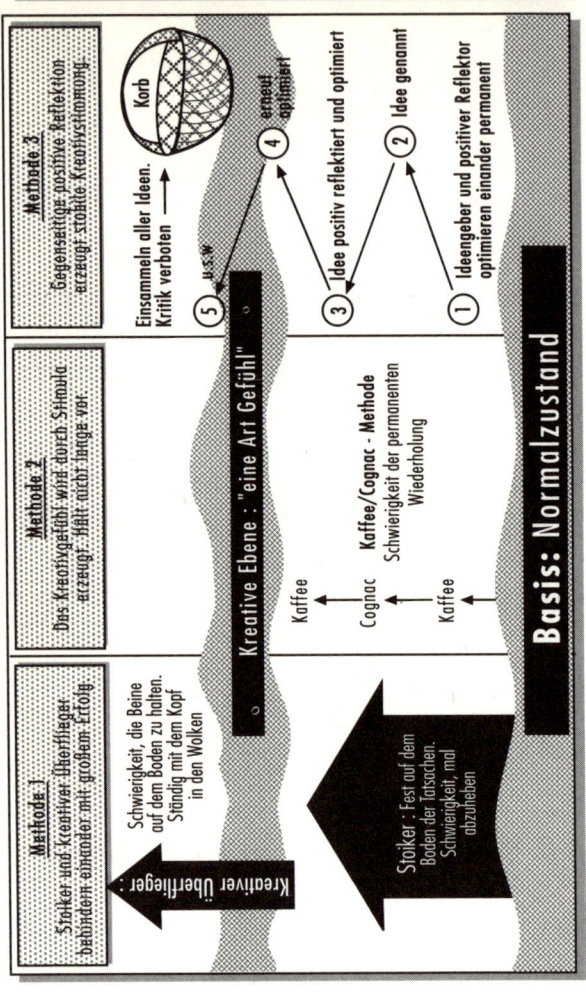

Abbildung 21:
Die Fähigkeit, die kreative Ebene zu erreichen, ist unterschiedlich ausgeprägt. Wenn dies berücksichtigt wird, können in einem kritikfreien Raum bei gegenseitiger Akzeptanz, hervorragende Ergebnisse erreicht werden.

Vorausgesetzt, wir beachten dabei eine einzige Regel: Kritik verboten!

Das ist leichter gesagt als getan. Normalerweise ist es so, daß sogenannte »Stoiker«, »Pragmatiker« oder »Realisten« und sogenannte »Kreative«, »Spinner« oder »kreative Überflieger« sich gegenseitig durch direkte oder subtile Kritik erfolgreich daran hindern, in dieses kostbare Kreativ-Gefühl und damit auf die kreative Ebene zu gelangen. Das ist Methode 1 der Abbildung. Ein weiteres typisches Beispiel an permanenter Verschwendung von Human-Energien. Die beste Medizin dagegen ist auch in diesem Fall gegenseitige Akzeptanz.

Methode 2 zeigt den »Kaffee-Cognac-Weg« zur kreativen Ebene. Nachteil: Erstens, mit dem Kreativ-Gefühl steigt auch der Blutdruck und zweitens, im gleichen Maße wie die Dosis an Stimula steigt, nimmt der Kreativeffekt an Qualität ab. Wobei Kaffee und Cognac als Stimula schon ziemlich veraltet sind. Die jüngere Managergeneration bevorzugt modernere »Drogen«. Eine durchaus ernstzunehmende Entwicklung.

Methode 3 funktioniert verläßlich. Ohne Übertrumpfen, ohne Stimula, allein durch positives Reflektieren. Zwei Varianten sind möglich:

Variante 1: Zweiergespräche. Wenn Sie das zarte Pflänzchen einer Idee beim Wachsen unterstützen wollen, dann sollten Sie dabei nicht unbedingt den »kritischen Verstand« heranziehen. Selbst wenn es ein guter Freund ist, der ihn besitzt. Der »kritische Verstand« neigt zu Aussagen wie: »Klappt sowieso nicht«, »Ist kein Geld dazu da«, »Haben wir schon mal gemacht« etc. Kritik im Vorfeld ist das letzte, was eine junge Idee zum Wachsen braucht. Erst recht nicht die sogenannte »konstruktive Kritik«. Gegen die ist wirklich Kraut gewachsen.

Suchen Sie sich einen positiven Reflektor. Ein positiver Reflektor ist ein Mensch mit der natürlichen Fähigkeit, der trainierten Disziplin oder beidem, alles, was man ihm vorträgt, übergibt oder erzählt, positiv zu reflektieren bzw. optimiert zurückzureichen. Sowas gibt es. Sie setzen dann noch eins drauf, er, der positive Reflektor, optimiert und gibt zurück, Sie setzen noch eins drauf, er optimiert und reflektiert zurück usw.

Es gibt tatsächlich Menschen, in deren Gegenwart man sich irgendwie angehoben fühlt. Das sind natürliche, positive Reflektoren. Und dann bekommt das Gespräch Flügel. Sie »fliegen« gemeinsam zur kreativen Ebene. Jetzt gilt es, alles einzusammeln, was dort so herumliegt. Unsortiert, nicht hinterfragt, völlig unkritisch. Einfach einsammeln. Dieses Hochgefühl, das Sie dabei erleben werden, bricht sowieso nach ca. 15 bis 30 Minuten wieder zusammen. Wenn Sie dann wieder im »Normalzustand« sind, haben Sie immer noch genügend Zeit, die nötigen Hinterfragungen gemeinsam zu stellen. Besser ist es allerdings, Sie schlafen erst einmal eine Nacht darüber.

Variante 2: Gruppengespräche. Eine weitere Variante ist das kreative Gruppengespräch. Dabei geht es, wie beim klassischen Brainstorming, im wesentlichen um die konsequente Trennung von Ja- und von Nein-Phasen. In der Ja-Phase wird gemeinsam konsequent »gesponnen«. Kritik ist verboten. In der Nein-Phase wird gemeinsam ebenso konsequent hinterfragt. Kritik dient dabei der Analyse und nicht dem gegenseitigen Übertrumpfen. So wird aus dem negativen Wettbewerb des »Meins ist besser« ein positiver Wettbewerb: »Was ist das Beste?«.

In das Gruppenbrainstorming gehen Sie am besten mit einer konkreten Frage, zum Beispiel: »Wie können wir dies oder jenes vermeiden, erreichen oder verbessern?«. Dann wird »gestormt«. Durch Zuruf, nicht nacheinander, sondern durcheinander. Ja, Sie haben richtig gelesen. Ein herrliches, kreatives Durcheinanderrufen, das »positive Chaos« ist gefragt. Die Aufgabe des Moderators ist nicht, zu sagen »langsamer, bitte«, sondern »noch mehr, bitte!«. Anfeuern, nicht bremsen, kennzeichnet ein gutes Brainstorming. Und keine Killerphrasen, kein »Unterbrechen Sie mich bitte nicht« oder »Lassen Sie mich ausreden«. Unterbrechen ist im Brainstorming die eigentliche Tugend, und Ausredenlassen gilt nicht. Sonst kommen Sie mit Ihrer Gruppe niemals in die heiße Phase. Aber genau dort befindet sich die kreative Ebene. Dort spielt die Musik. Und der Moderator schreibt auf, feuert an und schreibt noch mehr auf, bis nichts mehr kommt. Das war die Ja-Phase. Die Nein-Phase analysiert und hinterfragt genau wie bei Variante 1.

Übrigens, eine nette Methode, allzu dominante Hierarchen daran zu hindern, die Gruppe zu okkupieren, ist, sie zum Moderator zu machen. »Und der Moderator schreibt und feuert an ...«; »Feuert an« bedeutet, er bringt *die Gruppe* zum Reden, nicht sich. Alles klar?

Methode 6: Visionen

Falls Sie dieses Buch bis hierher gelesen haben, ist Ihnen sicherlich bewußt geworden, falls es Ihnen nicht schon immer bewußt war, welch enorme Kraft in Vorstellung, in Phantasie, in Imagination steckt. Nun, Vision ist, wie Imagination und Phantasie, aus dem gleichen Stoff.

In Managerseminaren, in Fachzeitungen, in Gruppendiskussionen, wo auch immer, überall wird von Visionen geredet. Daß man Visionen brauche, um die Zukunft zu meistern. Und wer keine Visionen habe, brauche gar nicht erst anzutreten. Einverstanden!

Aber wie kommt man zu Visionen? Und wie ist es Ihnen eigentlich ergangen, als Sie mal eine Vision unter die Leute bringen wollten? Echte Visionäre haben es in der Praxis oft schwer. Visionären stehen wir meist äußerst kritisch gegenüber. Dies ist der Grund, warum Visionen einzelner so häufig zerredet und so selten umgesetzt werden. Es fehlt der Gruppenkonsens. Sowohl der emotionale als auch der rationale.

Variante 1: Gruppen-Visionen. Visionen können Sie in der Gruppe oder allein entwickeln. Die Gruppenvisionen sind auf die folgende Weise zu erreichen: Die Gruppe sitzt mit geschlossenen Augen. Der Moderator spricht: »Stellen Sie sich vor, wir befinden uns zehn Jahre in der Zukunft. Sie wachen morgens auf. Wo? Schauen Sie sich in Ihrem Zimmer um. Was ist anders als gewohnt? Achten Sie auf Details. Sie sitzen am Frühstückstisch. Wer sitzt Ihnen gegenüber? (Solch böse Fragen eher weglassen!) Sie gehen in die Garage. Wie sieht Ihr Auto aus? Sie fahren Ihren gewohnten Weg zum Arbeitsplatz. Was hat sich verändert? Sie sehen Ihre Firma. Wie sieht das Gebäude aus? Anbauten? Umbauten? Genau wie vorher? Sie betreten das Gebäude. Wie sieht es innen aus? Kollegen begegnen Ihnen. Wie haben die sich entwickelt?« Und so weiter und so fort. Sie können vorher gemeinsam absprechen, welchen Weg Sie der Moderator führen und wo, in welcher Situation, er beginnen soll.

Die Übung hat zwei Komponenten, auf die es ankommt: Erstens, die Gruppe wird von einem Moderator geführt. Der Moderator spricht langsam und gibt damit jedem in der Gruppe Zeit, seinen eigenen Bildern zu folgen. Und zweitens: Jeder Teilnehmer folgt einfach den Bildern, die in seinem Verstand, vor seinen inneren Augen auftauchen, ohne direkt zu manipulieren. Unmittelbar nach der Übung schreibt jeder Teilnehmer auf, was er gesehen oder erlebt hat. Die Ergebnisse sind immer wieder überraschend. Selbst Teilnehmer, die anfangs glaubten, kaum über Phantasie oder Vorstellungsvermögen zu verfügen, liefern in der Regel sehr gute Ergebnisse ab. Oft steht einem allerdings die eigene Skepsis solchen »Phantastereien« gegenüber ein wenig im Wege.

Aber schon beim zweiten oder dritten Mal, spätestens dann, wenn die Skeptiker diese erstaunlichen Visionsleistungen ihrer Kollegen sehen, klappt es wunderbar. Im übrigen ist gesunde Skepsis eine sehr effiziente Sicherung, um überleite Richtungswechsel oder Abenteuer zu vermeiden. Es geht also keineswegs darum, Skeptiker mundtot zu machen. Es geht nicht einmal darum, Skeptiker durch die Gruppe, meist mit Gegendruck, zu »überzeugen«. Sondern es geht um die eigene Erfahrung. Letztlich zählt immer nur die eigene Erfahrung. Haben Sie schon mal versucht, einem Kind klarzumachen, was heiß ist? Erst wenn das Kind sich verbrannt hat, wird es wirklich wissen, was heiß ist. So ist das mit der Erfahrung. Die eigene Erfahrung ist durch nichts zu ersetzen. Dies ist auch der Grund, warum jede Generation alles wieder neu erlernt. Allerdings in wechselndem Kontext und meist eine Stufe höher entwickelt.

Zurück zur Übung. Die Gruppe kann natürlich wählen, wie viele Jahre in der Zukunft die Vision liegen soll. Fünf Jahre, zehn Jahre oder vielleicht sogar zwanzig Jahre? Erfahrungsgemäß nimmt das Vorstellungsvermögen, wenn man weiter als zwölf bis fünfzehn Jahre in die Zukunft geht, schnell ab.

Variante 2: Individual-Vision. Ähnlich wie in der Gruppenvision können Sie auch als einzelner diese Methode anwenden. Setzen Sie sich auf einen bequemen Stuhl. Rücken gerade, Kopf leicht im Nacken, Augen geschlossen. Nun stellen Sie sich vor, Sie wären am Ziel Ihrer Wünsche angelangt, was immer das sein mag, und egal, wie weit es in der Zukunft liegt. Limitieren Sie sich nicht. Lassen Sie Ihrer Phantasie freien

Lauf. Sehen Sie sich einfach live am Ziel Ihrer Wünsche. So, als wären Sie wirklich dort in dieser Situation. Jetzt betrachten Sie diese Situation. Und zwar, so genau Sie können. Jedes Detail. Gefällt es Ihnen hier? Ist das die Situation, die Sie sich immer gewünscht haben? Wenn nein, bessern Sie nach. Vielleicht gefällt Ihnen die Situation erst beim nächsten und übernächsten Mal so richtig. Möglicherweise verändert die Übung mit der Zeit aber auch Ihre Wunschvorstellungen. Möglicherweise sogar so weit, daß Sie mit der Anfangsvision kaum noch zu tun haben. Was diese Übung auf jeden Fall bewirkt, ist, daß Sie sich darüber klarwerden, was Ihre wirklichen Ziele sind. »Werthaltige« Ziele. Ziele, die ihre Attraktivität nicht verlieren, nicht »schal« werden, wenn Sie diese erreichen.

Was wollen Sie wirklich im Leben? Was sind Ihre wahren Bedürfnisse? Was behält seinen Wert? Was ist all die Mühe wert? Genau diese Fragen wird diese Übung mit jeder Wiederholung besser beantworten.

Kapitel 20

Spiel-Methodik

Vieles, was man rational nur schwer erfassen kann, zum Beispiel weil man den Wald vor lauter Bäumen nicht sieht, oder weil man einfach nicht hinschauen will, läßt sich in einer spielerischen Situation ohne weiteres und sehr klar erkennen. Wenn Sie in Ihrem Human-Prozeß erst einmal die zwischenmenschlichen Beziehungen, etwa in Ihrer Führungsgruppe, erkennen wollen, ohne die Menschen vorzuführen oder in ihren psychischen Freiraum einzudringen, dann sollten Sie sich gemeinsam mit dieser Gruppe ein Spiel ausdenken.

Dieses Spiel sollte alle Beteiligten in Aktion versetzen, eine Art Handlung haben, ein Ziel erreichen, gutartigen Wettbewerb aufbauen und vor allem Spaß machen.

Methode 7: Schnitzeljagd

Bei einer Schnitzeljagd kann jeder mitmachen. Auch ältere Kolleginnen und Kollegen können da ohne weiteres mithalten. Und eine Schnitzeljagd erfüllt alle Forderungen an eine Spielmethodik: Man kann gut erkennen, wie die Menschen in der Gruppe miteinander umgehen, ohne daß diese irgendwie negativ vorgeführt werden. Außerdem sind *alle* Beteiligten in

Aktion, zielorientiert in einem gutartigen Wettbewerb. Und eine Schnitzeljagd macht ganz einfach Spaß.

Unsere Schnitzeljagd funktioniert so: Zwei Trainer bereiten die Schnitzeljagd vor. Alle Aufgaben werden mit Polaroid fotografiert. Die Aufgabenbeschreibung selbst wird mit permanentem Faserschreiber auf den unteren Bildrand des Polaroids geschrieben. So präzise wie möglich. Ein didaktisches Ziel der Schnitzeljagd ist ja, die Präzision von Anweisungen zu hinterfragen bzw. deren Interpretationsmöglichkeiten erfahren zu lassen.

Die Gruppe wird nach dem Zufallsprinzip, beispielsweise durch Abzählen eins-zwei, eins-zwei, usw. in zwei Gruppen aufgeteilt. Die Einsergruppe bekommt dann die Bilder der Zweiergruppe und umgekehrt. So wird erreicht, daß beide Gruppen aufeinander angewiesen sind. Jede Gruppe erhält ein Funkgerät. Beide Gruppen müssen nun anhand der Bildbeschreibung über Funk einander führen. Die Aufgabe für beide Gruppen ist zweiteilig: Erstens muß jede Gruppe natürlich die ihr von der Gegengruppe übermittelten Aufgaben lösen; und zweitens muß sie versuchen, als erste am Ziel zu sein.

Das ist wie im richtigen Leben. Einerseits sollen wir einander unterstützen und andererseits stehen wir im Wettbewerb zueinander. Das auf die Reihe zu bekommen, ist für viele eine Quadratur des Kreises.

Innerhalb der Gruppe bekommt jeder eine konkrete Aufgabe. Jede Gruppe wählt einen Führer, einen Funker, einen oder mehrere Späher, einen Rucksackträger, einen oder mehrere Müllsammler, ja, wir sammeln Müll, da sieht man erst, was so alles rumliegt, einen Fotografen, einen »Biologen«, der Pflanzen auf dem Weg sammelt und bestimmt, und einen Schriftführer.

Die Rollen sollen mehrmals während der Schnitzeljagd getauscht werden. Einmal, damit möglichst jeder Teilnehmer möglichst jede Rolle durch Erfahrung kennenlernt und zum anderen, damit er und die Gruppe später im Film sehen können, wie er seine Rolle ausfüllt beziehungsweise wie sehr ihn seine Kolleginnen und Kollegen in dieser Rolle annehmen, unterstützen oder auflaufen lassen. Gepunktet werden nicht nur die gelösten Aufgaben, sondern auch die »Müllexponate« und die gesammelten Pflanzen, soweit sie richtig bestimmt werden.

Auf jedem Polaroid sind auf der Rückseite die Punkte notiert, die bei Lösung der Aufgabe gegeben werden. So kann jede Gruppe zu jedem Spielstand sehen, wieviele Punkte sie bereits gutgemacht hat.

Da die Polaroids beider Gruppen fortlaufend numeriert sind, wissen beide Gruppen auch, wie weit die Gegengruppe jeweils gekommen ist. Manche Gruppen sind derart aufgabenorientiert, daß sie kaum daran interessiert zu sein scheinen, das Ziel zu erreichen und schon gar nicht als erste. Andere Gruppen dagegen sind ganz und gar zielorientiert. Ankommen oder Siegen ist alles. Ob die Aufgaben dabei alle oder richtig oder überhaupt gelöst wurden, scheint weniger wichtig.

Wie auch immer, da beide Trainer die beiden Gruppen mit einer Videokamera aufnehmen, ist es am nächsten Tag beim Betrachten dieser Filme für beide Gruppen klar zu sehen, woran sie künftig arbeiten werden. »Das ist ja wie bei uns im Unternehmen.« Ja, so ist es tatsächlich. Nur im Unternehmen kann man es nicht annähernd so klar sehen. Obwohl beim Anschauen der Videofilme in der Regel alles lacht, sieht man doch sehr klar, was Sache ist. Und *weil* alles lacht, kann man es annehmen.

Das war unsere Schnitzeljagd. Jede Gruppe entwickelt ihre eigenen Ideen. Machen Sie daraus Ihre Schnitzeljagd. Hauptsache ist, daß Sie Ihre Gruppe in eine Spielhandlung führen, die sichtbar macht, woran die Gruppe zu arbeiten hat. *Und*, daß dies auch tatsächlich allein durch Sichtbarmachen bearbeitbar ist.

Übrigens: die Schnitzeljagd ist der einzige Prozeßschritt, bei dem wir Videoaufnahmen machen.

Methode 8: Schlitten fahren

Was ist eigentlich der Unterschied zwischen Vertrauen und blindem Vertrauen? Nach mehreren heißen, aber ziemlich fruchtlosen Diskussionen darüber kam ein findiger Diskussionsteilnehmer auf folgende Idee: »Wir lassen die Gruppe pärchenweise rodeln. Einer sitzt vorne, dem sind die Augen verbunden. Er darf aber lenken. Mit den Füßen, versteht sich. Der andere sitzt hinten. Der darf sehen, aber nicht lenken. Der steuert seinen ‚blinden' Vordermann durch Zurufe. Und die Aufgabe ist, nicht nur runterzukommen, sondern möglichst in Bestzeit und zusätzlich durch Slalomtore, damit es nicht zu schnell und noch ein bißchen interessanter wird. Und dann müssen sie die Rollen tauschen und nochmal runter.«

Das mußten wir natürlich unbedingt ausprobieren. Sie wissen ja, nur die eigene Erfahrung zählt. Und was soll ich Ihnen sagen, es war ein ziemlich unangenehmes Gefühl. Sowohl der »blinde« Steuermann zu sein, als auch der »sehende« Bremser. Jedes Pärchen, das auf diese Weise miteinander »Schlitten fährt«, hat den Unterschied zwischen »blindem« und »gesundem« Vertrauen am eigenen Leibe erlebt und zumindest in dieser Sache kaum noch Diskussionsbedarf.

»So eine Schlittenfahrt ist sicherlich nicht jedermanns Sache und wahrscheinlich auch nicht ungefährlich«, werden Sie vielleicht einwenden. Ich kann Ihnen versichern, jede Gruppe, die bisher auf diese Weise mit sich und uns Schlitten fuhr, hatte so viel Spaß dabei, daß sie kaum noch vom Hang wegzubringen war. Und was die Sicherheit angeht, da legen Sie den Schwierigkeitsgrad der Rodelbahn natürlich so an, daß er dem Alter oder dem sportlichen Niveau Ihrer Gruppe entspricht.

Kapitel 21
Workshop-Methodik

Dr. William Condon von der Medizinischen Fakultät der Universität Boston stellte fest, daß »aufgrund von Untersuchungen zunehmend klar wird, daß begriffliche Inhalte nur ein Teil – und vermutlich ein untergeordneter Teil – der menschlichen Kommunikation ist.« Diese Beobachtung entspricht exakt unserer Erfahrung in der Arbeit mit Menschen. Was wir aber dennoch tun, ist, daß wir ständig um Inhalte streiten, ob im Unternehmen, in der Politik oder in der Partnerbeziehung. Alle bisher vorgestellten Methoden, wie »Blickpunktrunden«, »Kritikmoderation«, »Spiegeln«, »Positiv-Negativ-Abgleich«, die »Kreativ-Methoden» oder die »Spielmethoden« gehen von dieser Grunderkenntnis aus. »Was hast du gesagt, was habe ich verstanden?« Dieser permanente Abgleich, verbunden mit gegenseitiger Akzeptanz, wird jede Gruppe, früher oder später, zu Auseinandersetzungs-Profis machen. Und Auseinandersetzung ist nun mal die Grundlage jeder zielgerichteten Kommunikation und der einzig mögliche Weg zu emotionalem Konsens und zu Harmonie.

Workshops, die ein sportives, gutartiges Wettbewerbsklima aufbauen, sind eine weitere methodische Möglichkeit, diesen permanenten Abgleich, diese zielgerichtete Kommunikation zu realisieren. Workshops sind die Kommunikations-Flaggschiffe und brauchen, neben einer kompetenten Moderation, vor allem Zeit. Zwei Tage am Stück sind für Workshops ideal. »Man kann mal drüber schlafen«.

Methode 9: Problemanalyse

Egal, welches Problemfeld Sie auch angehen wollen, ob Personal, Marktbearbeitung, F+E bzw. Innovationsmanagement, Technik, Konstruktion oder Produktion, das Unternehmen als Ganzes oder Teile davon, mit einem Problemanalyse-Workshop tun Sie es anhand konkreter Fälle.

Wenn Sie eine Gruppe mit 15 Personen sind (darüber wird es erfahrungsgemäß schwieriger), bearbeiten Sie in zwei Tagen etwa gerade ebenso viele Problemfälle. Pro Teilnehmer ein echter Problemfall ist auch mehr als genug.

Die Problembearbeitung läuft etwa so ab: Der Moderator fragt in die Gruppe, wer einen Fall schildern kann, der zum entsprechenden Problemthema paßt und der sich tatsächlich ereignet hat. Bei Ihnen im Unternehmen oder bei einem Wettbewerber oder sonstwo. Der Fall soll wie eine Geschichte erzählt werden. So wird erreicht, daß Stimmungen und Untertöne, das Unausgesprochene, das Klimatische mit transportiert werden. Eine polizeiberichtähnliche Darstellungsweise kann das nicht. Solche Berichte eignen sich gerade wegen ihrer unterkühlten, absolut sachbezogenen Darstellungsweise hervorragend zu Fehlinterpretationen. Geschichten dagegen transportieren Interpretationen, verbale und nonverbale, meist in ziemlich eindeutiger Weise gleich mit. Geschichten führen tatsächlich weniger zu Mißinterpretationen, als sogenannte Sachberichte. Da sind wir wieder bei den allseits so beliebten Protokollen: Jeder interpretiert sie so, wie er will und kann.

Zurück zum Problemfall-Erzähler. Sobald er seine Geschichte erzählt, wird eine Blickpunktrunde dazu gestartet. Die Aufgabe der Blickpunktgeber ist, einerseits darzulegen, was ihnen die Geschichte sagt, und andererseits, einen Vorschlag zu machen, wie Sie diese Situation handhaben, aber vielleicht auch lösen würden. Der Moderator schreibt alle Anregungen und Ideen aus der Blickpunktrunde auf Flipcharts zum permanenten Mitlesen durch alle. Vollgeschriebene Flipchartblätter werden aber nicht umgeblättert und damit weggeblättert, wie meist üblich, sondern nacheinander im Raum, gut lesbar, aufgehängt. Dann erzählt der nächste sein Problemfallbeispiel usw.

Auf diese Weise bekommt jeder Problembeispiel-Erzähler 14 Ratgeber, 14 Interpretationen und jede Menge Lösungsideen. Die Lösungsideen, die auf solche Weise erarbeitet werden, sind in der Regel direkt umzusetzen. Weil die Geschichten aus der Praxis stammen, ist der Praxisbezug meist unmittelbar. Beim Abschluß des Workshops benennt der Moderator zwei, maximal drei Personen, als »Konzeptgruppe«. Diese Konzeptgruppe erhält die Aufgabe, aus den Anregungen, Meinungen, Blickpunkten, Analysen und Ideen, die auf Flipcharts festgehalten wurden, ein Konzept zu erarbeiten, das beim nächsten Treffen der Gruppe präsentiert wird. Sollte dieses Konzept bei dieser Präsentation so noch nicht akzeptiert werden, wird eine zweite Projektgruppe mit neuer Zusammensetzung benannt, die das Konzept optimieren, überarbeiten oder auch völlig neu entwickeln soll. Das geht so lange, bis das Konzept die Zustimmung der Gruppe findet. Diese Methodik bedient sich in der Analysephase aller Teilnehmer, und damit des gesamten, kreativen Potentials der Gruppe, und vermeidet in der Konzeptionsphase das »Viele Köche verderben den Brei«. Konzepte, die auf diese Weise durch die Führungsgruppe erarbeitet wurden, sind in der Umsetzung wesentlich dynamischer, treffen kaum auf Widerstände und sind vor Fehlinterpretationen weitgehend gefeit. Der Trick dabei ist, die Auseinandersetzung an den Anfang zu stellen, und eben nicht erst auf dem Wege der Umsetzung in Auseinandersetzungen zu geraten.

Methode 10: Strukturanalyse

Organigramm und Realstruktur eines Unternehmens sind so gut wie nie deckungsgleich. Das ist das erste Phänomen. Das zweite: Kaum ein Mitglied der Führungsgruppe kennt die tatsächlichen Abläufe in seinem Unternehmen. Das dritte Phänomen ist, daß bei Umstrukturierungen selten die Führungsgruppe mit der Analyse der bestehenden Abläufe betraut wird, sondern meist eine Unternehmensberatung. Ich schlage Ihnen vor, die Analyse der Realstrukturen Ihres Unternehmens mit Ihrer Führungsgruppe selbst vorzunehmen.

Die Methode sieht so aus: Stellen Sie so viele Paravent-Elemente in einem Raum nebeneinander auf, wie Ihr Unternehmen Abteilungen hat. Dann soll jeder nach Zuständigkeit und Vermögen »seinen« Ablauf horizontal auf »sein« Paravent-Element aufzeichnen. Links schließt die ihm vorgeordnete und rechts die ihm nachgeordnete Abteilung an, soweit möglich. Es wird ein großes Durcheinander geben. Aber in zwei Tagen werden Sie es geschafft haben. Der Moderator hat lediglich darauf zu achten, daß sich die Teilnehmer nicht vorzeitig gegenseitig erwürgen.

Sie können diese »Paravent-Strukturanalyse« am Beispiel eines Auftrages machen, der vorne hereinkommt, alle Stationen durchläuft und hoffentlich hinten wieder herauskommt. Oder am Beispiel eines Produktionsprozesses oder was immer Ihnen, Ihrer Gruppe oder dem Moderator einfällt. Sie werden eine Menge dabei entdecken, zum Beispiel wie viele Schnittstellen in Ihrem Unternehmen tatsächlich existieren und wie viele davon unnötig sind, wo Liegezeiten oder Nadelöhre sind; oder, daß Ihr Controlling und Ihre Kostenarten nicht zur Realstruktur Ihres Unternehmens passen; aber auch, welche »Schnittstelleninhaber« in Wirklichkeit »Schnittstellengegner« sind. Manchmal sogar gegen ihren Willen.

Wenn Sie nach zwei Tagen Ihre Realstruktur in Gemeinschaftsleistung aufgezeichnet haben, gibt es natürlich wieder Aufgaben. Alle Schnittstelleninhaber, es sind ja immer mindestens zwei, bekommen den Auftrag, »Schnittstellenpartner« zu werden und, wenn möglich, damit aufzuhören, ihre Seite der Schnittstelle zu verteidigen, sondern wiederum, wenn möglich, ihre gemeinsame Schnittstelle aufzulösen, unnötig zu machen.

Wie Sie wissen, bin ich ein Fan der fraktalen Prinzipien nach Professor Warnecke. In der Abbildung 22 können Sie gut erkennen, wie das Fraktalisieren von Abläufen funktioniert. Lineare Strukturen zerschneiden Abläufe in Abteilungen. Fraktale Strukturen fassen Abläufe sinnvoll zusammen, reduzieren Schnittstellen und machen aus Schnittstellengegnern Schnittstellenpartner. Die wichtigste Erkenntnis dabei ist sicherlich, daß Verantwortung nur in Strukturen übernommen werden kann, die überschaubar und durchschaubar sind. Nur in einem Ablauf, den ich von Anfang bis Ende kenne und damit einschätzen, beurteilen oder auch optimieren kann, werde ich wirklich Verantwortung, Eigenverantwortung übernehmen. Das Prinzip der Selbststeuerung, Selbstoptimierung und Selbstverantwortung baut darauf auf. Andernfalls zwingen wir die Menschen in falsche Verantwortlichkeiten. Und genau dies erzeugt Heuchelei, Verschleiern, Verschleppen, Fallenstellen und Tarnen und Täuschen. Wer will das schon wirklich?

Optimieren von Strukturen

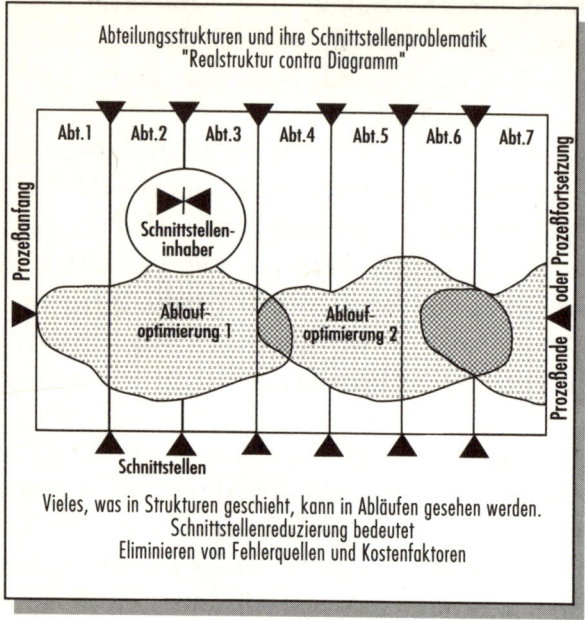

Abbildung 22:
Alte Strukturen zerschneiden Abläufe in Abteilungen. Aus Schnittstelleninhabern werden dadurch oftmals Schnittstellengegner. In einem Prozeß, der in viele Teile zerschnitten ist, kann Verantwortung nur schwer delegiert oder übernommen werden. Neue Strukturen fassen Abläufe sinnvoll zusammen. So werden aus Schnittstelleninhabern Schnittstellenpartner. Verantwortung kann sowohl übergeben, als auch übernommen werden. Schnittstellen werden abgebaut, und jede abgebaute Schnittstelle bedeutet eine Fehlerquelle und einen Kostenfaktor weniger.

Anhang

Der GUK-Prozeß

Optimieren von Strukturen, Straffen von Organisationen, Suchen und Finden neuer Angebote, Aufspüren von Fehlerquellen und unnötigen Kosten etc., dies alles geht leichter von der Hand in einem Klima der Anerkennung, der gegenseitigen Akzeptanz. Dazu brauchen wir neue Formen der Zusammenarbeit. Rechtfertigungsfreie Räume. Geschützte Räume, aber auch spannungsvolle Auseinandersetzungen, um kreative Prozesse zu fördern. Nur so werden wir uns von Verschleierungstaktiken abwenden und lernen, Auseinandersetzungen vital und gutartig, offen, konkret und direkt zu führen.

Genau dies geschieht im GUK-Human-Prozeß. Nähere Informationen bei GUK.

GUK

Gesellschaft für Unternehmenskultur Jagdstraße 12 90419 Nürnberg Telefon   (09 11) 393 79 50 Fax   (09 11) 393 79 52

Der GUK-Human-Prozeß (Abb. 23) dauert ein Jahr, verläuft in drei Phasen und umfaßt zwölf Prozeßschritte à zwei Tage.

Phase 1 erreicht ein strukturiertes, gegenseitiges Kennenlernen bzw. Näherkommen der Teilnehmer, ohne in die Intimsphäre des einzelnen Individuums einzudringen. Dabei entsteht ein geschützter Raum, der es ermöglicht, die Beziehungsebenen abzuklären.
Ziel: Gegenseitige Akzeptanz und ein angstfreies Klima.

Phase 2 entwickelt Kritikfähigkeit, ohne sich gegenseitig Wunden zu schlagen. Auseinandersetzungen werden nach leicht zu lernenden Regeln offen, konkret und direkt geführt. Es entsteht ein belastbarer, emotionaler Konsens.
Ziel: Auseinandersetzungs-Profis werden.

Phase 3 kreiert Leitbilder und Strategien für effektive, situative Menschenführung, schlanke Organisation bzw. Selbstorganisation und deren Umsetzung. Es entsteht ein klarer rationaler Konsens.
Ziel: Nachhaltige Veränderungsbereitschaft, permanente gegenseitige Motivation.

Im GUK-Prozeß wird niemand vorgeführt, es werden keine Verhaltensregeln gegeben, alles Wissen wird aus der Gruppe selbst geschöpft. Im GUK-Prozeß werden die Menschen so respektiert, wie sie sind. Der GUK-Prozeß hebt den kreativen Schatz, über den jede Gruppe verfügt, durch die permanente und konsequente Verknüpfung der kognitiven, ratiobetonten Aspekte mit den emotionalen, intuitiven Aspekten vorhandener Meinungen, Fakten und Blickpunkte.

Der GUK-Prozeß schafft »Weichwege« für notwendige Veränderungsprozesse und gibt selbst stehen- oder steckengebliebenen KVPs einen zweiten »Wind«.

Der GUK - Human - Prozeß und seine Wirkungsweise

❶ Gegenseitige Akzeptanz auf allen Ebenen der Hierarchie.

❷ Angstfreies Klima als unabdingbare Voraussetzung für Fehlerquellenanalysen.

❸ Wir-Gefühl, natürlich gewachsen, gewollt und als Qualität erkannt.

❹ Motivation als reflektiver Prozeß von oben nach unten und umgekehrt.

❺ Selbstverantwortung, Selbststeuerung, Selbstkontrolle in einem ganzheitlich überschaubaren Prozeß.

❻ Klima der Anerkennung, rechtfertigungsfreie Räume.

❼ Gutartiger Wettbewerb in einem Klima der Offenheit.
Keine Verschleierungs- und Verschleppungsstrategien.
Beginn eines neuen Miteinander.

Abbildung 23:
Durch gegenseitige Akzeptanz wachsen emotionaler Konsens und Vertrauen. Auf dieser Basis werden im GUK-Human-Prozeß Methodiken vermittelt, die es ermöglichen, gemeinsame Konzepte zu entwickeln. Diese Konzepte stellen einen ungewöhnlich starken rationalen Konsens her. Auseinandersetzungen werden somit am Anfang eines Veränderungsprozesses offen, konkret und direkt geführt. und nicht erst auf dem Weg der Umsetzung. Rechtfertigungsfreie, geschützte Räume und vitale, gutartige Auseinandersetzungen führen zu einem angstfreien, föderativen Klima.
Nähere Informationen bei:
GUK – Gesellschaft für Unternehmenskultur,
Jagdstraße 12, 90419 Nürnberg,
Telefon (09 11) 3 93 79 50, Fax (09 11) 3 93 79 52

Aus unserem Programm

Reinhard K. Sprenger

Das Prinzip Selbstverantwortung
Wege zur Motivation

1995. 251 Seiten.
ISBN 3-593-35248-6

Reinhard Sprenger zeigt, was Führungskräfte tun können, damit ihre MitarbeiterInnen Verantwortung übernehmen, initiativ werden und Kreativität und Lebensfreude entfalten.

»Selbstverantwortung. Gibt es etwas in unserem Unternehmen, was wir dringlicher brauchen? *Das Prinzip Selbstverantwortung* kommt zur denkbar richtigen Zeit. Selten war ein Buch so notwendig.«
Manfred F. Göbels, Daimler Benz AG

Reinhard K. Sprenger

Mythos Motivation
Wege aus einer Sackgasse

1994. 234 Seiten.
ISBN 3-593-34499-8

»Reinhard Sprengers Ideen revolutionieren die Mitarbeiterführung. Wer zukünftig Management und Führungskultur im Unternehmen gestalten will, muß *Mythos Motivation* gelesen haben.«
Rainer Goldammer, 3M Europa

»Amüsante und scharfsinnige Passagen über den Manageralltag.«
Frankfurter Allgemeine

Campus Verlag · Frankfurt/New York

Aus unserem Programm

Klaus Doppler, Christoph Lauterburg
Change Management
Den Unternehmenswandel gestalten

4. erweiterte und aktualisierte Ausgabe
1995. 464 Seiten, gebunden
ISBN 3-593-35324-5

Es gibt inzwischen hinreichend Literatur über das »Was« und das »Warum« der notwendigen Veränderungsprozesse in Unternehmen. Dies hingegen ist das erste Buch, das konkret und anhand zahlreicher Beispiele zeigt, wie man solche Veränderungen durchführt. Allgemein verständlich zeigen die Autoren, was prozeßorientiertes Management in der Praxis bedeutet: Koppelung der Informationsströme an die Prozeßkosten, kurze Entscheidungswege, flexible, auf begrenzte Zeit angelegte Projektorganisation. Ein Großteil des Buches besteht aus dem dafür notwendigen Instrumentarium: Hier fassen die Autoren auf jeweils wenigen Seiten das für die Praxis wichtigste *How-to-do-it* zusammen zu Themen, zu denen bisher wenig Praxisgerechtes veröffentlicht wurde oder zu denen Praktiker erst ganze Bücher durchforsten müßten. Klaus Doppler und Christoph Lauterburg beschreiben die typischen Phasen von Veränderungsprozessen, die zentralen Handlungsmaximen sowie die wichtigsten Situationen, die im Verlauf solcher Prozesse auftraten.

»Wer sich mit Veränderungsprozessen beschäftigt, findet hier das ideale Handbuch von ›A bis Z‹, für Neueinsteiger in diese Materie wie für Profis: spannend wie ein Krimi.«
Manfred F. Göbels, Daimler Benz AG

»Großartig. Endlich das Buch für die Praxis.«
Dr. Roland Rasi, Generaldirektor, Schweizerischer Bankenverein

Campus Verlag · Frankfurt/New York